Desarrollo de las competencias
del docente

Desarrollo de las competencias del docente
Demanda de la aldea global siglo XXI

Teresa Aldape

www.librosenred.com

Dirección General: Marcelo Perazolo
Dirección de Contenidos: Ivana Basset
Diseño de cubierta: Daniela Ferrán
Diagramación de interiores: Juan Pablo Vittori

Está prohibida la reproducción total o parcial de este libro, su tratamiento informático, la transmisión de cualquier forma o de cualquier medio, ya sea electrónico, mecánico, por fotocopia, registro u otros métodos, sin el permiso previo escrito de los titulares del Copyright.

Primera edición en español - Impresión bajo demanda

© LibrosEnRed, 2008
Una marca registrada de Amertown International S.A.

ISBN: 978-1-59754-334-7

Para encargar más copias de este libro o conocer otros libros de esta colección visite www.librosenred.com

Introducción

La globalización está influyendo en la dirección que el docente debe seguir para dar respuesta a las demandas de una sociedad cada vez más interconectada y más interdependiente, al grado de ser considerada una aldea, una aldea global del siglo XXI. La inspiración para la presente obra se originó del intercambio de ideas y experiencias sobre el impacto de la globalización en la labor del docente, en el tiempo en que maestros de nivel medio superior y nivel superior cursaban la Maestría en Recursos Humanos de la Facultad de Contaduría Pública y Administración de la UANL, en la cual he tenido la oportunidad de colaborar.

Durante el semestre de enero-mayo de 2007 los alumnos de la materia de Desarrollo de Habilidades Gerenciales, grupo Cadereyta, conscientes de la demanda que el ambiente global del siglo XXI ejerce sobre los maestros, accedieron a colaborar en el compendio de opiniones de personal docente de instituciones educativas —públicas y privadas— dedicadas a varios niveles de enseñanza para la elaboración de este trabajo.

Se recopiló información sobre los temas tratados en este libro mediante un total aproximado de 150 entrevistas realizadas por los alumnos como parte de sus asignaciones semanales. Algunas respuestas a las preguntas planteadas en las entrevistas se incluyen en cada uno de los capítulos en la sección *Maestros Opinan*.

Se han contemplado elementos teóricos y prácticos con el objetivo de lograr una obra que refleje los retos y desafíos enfrentados por las instituciones educativas y responda a la demanda de la aldea global del siglo XXI a través de proporcionar herramientas prácticas para el desarrollo de las competencias de los docentes, tanto a nivel personal como institucional.

Los temas tratados en esta obra se derivaron de las entrevistas a compañeros maestros que comparten el mismo interés por desarrollarse profesionalmente y de la experiencia docente en instituciones educativas mexicanas de prestigio internacional que buscan contar con una planta actualizada de maestros que sea capaz de enfrentar los retos de la demanda de la aldea global del siglo XXI.

Las principales características pedagógicas estructurales con que cuenta este libro son:

1. *Frases célebres.* Cada uno de los títulos de los temas va acompañado de una frase célebre relacionada al mismo, con el objetivo de estimular el interés del lector.
2. *Fábulas.* Antes de iniciar cada uno de los temas se presenta una fábula cuya moraleja refleja, en cierto sentido, una parte esencial del mensaje que se trata de entregar.
3. *Síntesis de parte.* Cada uno de los capítulos comienza con una breve exposición que destaca la concepción del tema en cuestión.
4. *Citas de autoridades en la materia.* Dentro de la exposición de la información teórica se encuentran opiniones de autores sobresalientes en el campo a fin de reforzar la relevancia de lo expuesto.
5. *Cuadros sinópticos.* Al final de cada capítulo hay un cuadro sinóptico que engloba, como resumen de forma esquematizada, los principales aspectos presentados en el mismo.
6. *Opiniones de compañeros docentes.* Cada capítulo contiene, fruto del trabajo de la investigación de cam-

po, las opiniones del personal docente que fue entrevistado en relación a las diferentes cuestiones tratadas en los temas.
7. **Actividades prácticas para desarrollar la competencia.** Al finalizar cada tema se incluyen actividades prácticas comprobadas anteriormente que contribuyen al desarrollo de la competencia correspondiente. Tres de ellas aplican sólo al interés del individuo y tres más se sugieren para implementar a nivel institucional.
8. **Glosario.** Al final del libro puede consultarse el significado de algunos términos utilizados en la extensión de esta obra.

Expreso mi más sincero agradecimiento a todos los que contribuyeron de manera significativa a la realización de este trabajo, que no hubiera sido posible de no ser por sus investigaciones y conocimiento compartido con gran generosidad.

Agradezco el apoyo y estímulo recibido por el área de posgrado de la Maestría en Recursos Humanos de la Facultad de Contaduría Pública y Administración de la Universidad Autónoma de Nuevo León, México para la recopilación de información publicada en esta obra.

Mi reconocimiento al trabajo de campo efectuado por los alumnos de la materia de Desarrollo de Habilidades Gerenciales, grupo Cadereyta.

Mi gratitud a mi hija Theresa Sophia por su interés y sus ilustraciones, a mi hermana Verónica y mi marido Alberto Zuloaga por sus comentarios y sugerencias, a todos aquéllos que hicieron posible la producción de este libro y especialmente a mi amiga Cecilia Chapa por su disponibilidad para la revisión de la presente obra.

Competencias del docente siglo XXI

Si quieres cambiar al mundo, cámbiate a ti mismo.
Mahatma Gandhi

Cuestión de suerte

Había una vez una familia muy supersticiosa que antes de tomar cualquier decisión en su vida consultaba a su asesor espiritual para que éste le aconsejara si era oportuno hacer tal o cual cosa.

Sucedió que al hijo le ofrecieron un excelente trabajo en una ciudad cercana y como era una buena oportunidad el muchacho accedió asistir a una entrevista al día siguiente para tener la oportunidad de platicar con el director general de la organización.

Esa misma tarde trató de localizar a su asesor espiritual para consultar los astros, pero no lo encontró. Por la noche estuvo muy inquieto debido a la incertidumbre de lo que le deparaba el destino en tan importante entrevista.

Al día siguiente muy temprano, antes de iniciar su viaje, fue a buscar a su asesor espiritual y al encontrarlo le pidió que con urgencia consultara sus cartas astrales y le hablara sobre la viabilidad del viaje. El consejero sacó sus cartas y muy serio le dijo que las estrellas se encontraban en las casas de planetas negativos y en la constelación de mala suerte y la posición de la luna y el sol predecían un día no auspicioso para tener una entrevista de trabajo, pero que podría hacerlo al día siguiente cuando el peligro ya habría pasado.

Asustado por tales predicciones el muchacho decidió regresar a su casa, sin dar importancia a las fabulosas características del puesto que le ofrecían, todo lo que se había preparado profesionalmente, que lo había hecho acreedor a recibir la invitación a colaborar en esta prestigiada organización y el hecho de que se había comprometido a entrevistarse con uno de los principales ejecutivos.

Mientras tanto, se llevaron a cabo entrevistas de otros candidatos que aunque no eran tan destacados como este joven eran profesionalmente competentes por lo que en la organización se tomó la decisión de contratar inmediatamente a uno de ellos para que iniciara su preparación como ejecutivo en desarrollo.

Esa misma tarde el joven llamó para solicitar una nueva entrevista argumentando que le había sido materialmente imposible asistir a su compromiso anterior. Pero el ejecutivo le contestó que era demasiado tarde, que el puesto ya había sido cubierto y que lamentaban mucho no haber contado con su presencia.

Al comentar esta situación con sus amigos el muchacho les compartió en cuánta estima tenía a su asesor espiritual pero que le dolía haber perdido esa grandiosa oportunidad de desarrollo profesional que tanto había esperado. Sus amigos le dijeron: "la suerte florece cuando las semillas que plantaste son buenas. Por haber confiado en tu consejero y no en tus cualidades personales has perdido tan fabulosa posibilidad. ¡Ahora los astros no pueden hacer nada por ti!"

Moraleja: *La suerte viene de las acciones, no del azar.*

Competencias del docente siglo XXI

Durante la Conferencia Mundial de Educación Superior convocada en 1998 por la UNESCO, se señaló la necesidad de un nuevo paradigma en la educación superior que fuera capaz de afrontar los retos económicos, políticos y sociales que con los cambios en el siglo XXI han surgido a nivel global.

La docencia en el siglo XXI no es lo que solía ser. Antes su labor se circunscribía sólo a la entrega de conocimientos académicos, ahora, debido a la demanda de la aldea global de hoy en día, los docentes analizan y controlan recursos, requieren habilidades multifuncionales y deben de tener la capacidad de vislumbrar el impacto de su labor en el desempeño de los alumnos y renombre de la institución.

En todos los países la educación superior enfrenta demandas de mejor calidad, mayor cobertura, sistemas de información y tecnologías de educación vanguardistas, más acercamiento y aplicabilidad al ambiente laboral, alianzas estratégicas, certificación de la calidad y garantía de estudios equiparables a nivel internacional.

Los requerimientos actuales de la aldea global del siglo XXI en la enseñanza superior impactan al contenido de los estudios en las carreras, los métodos de enseñanza-aprendizaje y métodos de evaluación y, a su vez, demandan que los docentes cuenten con competencias tanto académicas como administrativas y humano-sociales que les permitan satisfacer dichas exigencias.

¿Qué competencias debe poseer un docente del siglo XXI?

El docente debe ser capaz de desempeñar su trabajo efectiva y eficientemente sin importar las funciones que realice y metas que se le asignen. El proceso educativo continúa siendo su principal función y responsabilidad, sin embargo, éste deberá desarrollar las competencias que le permitan gestionar tanto las diversas actividades de enseñanza dentro del aula como otras exigencias administrativas de la institución para tener como resultado un proceso de enseñanza-aprendizaje de calidad que responda a los requerimientos actuales de la sociedad.

Las competencias que permiten al docente tener éxito en sus cargos y demuestran sus cualidades personales pueden clasificarse en: académicas, administrativas y humano-sociales.

Competencias académicas

Las competencias académicas son aquellas que le permitirán al docente dominar los conocimientos y habilidades específicos sobre su materia de especialidad, es decir, los métodos, los equipos y las tecnologías para la enseñanza-aprendizaje. Le facilitarán el trabajo y entenderá mejor qué es lo que se espera del rol que desempeña en el proceso educativo.

El docente requiere de una visión sistémica para entender la institución como un todo y percibir el impacto de sus decisiones y acciones en los diversos subsistemas y en el sistema total debido a las conexiones entre distintos departamentos, entidades o elementos.

Es importante que sea capaz de detectar cualquier obstáculo que esté interfiriendo en el proceso educativo, de analizar diferentes opciones conducentes y de corregir aquello que se encuentre directamente relacionado con su remoción, ya sea que él mismo tome parte en la solución o gestione su solución con quien realmente corresponda.

El docente tendrá que tomar decisiones y elegir alternativas de acción acordes a su autoridad y responsabilidad dentro del sistema. Al hacer esto, tendrá que considerar de manera global los objetivos y estrategias de la institución y su rol e impacto en todos los ámbitos de las diferentes áreas que la componen.

El docente de la actualidad requiere ser capaz de manejar grandes grupos, tanto en el sistema escolarizado como a través del uso de la tecnología de información para la educación a distancia, de asegurar la aplicación de métodos y herramientas que permitan la fluidez y eficacia del proceso de enseñanza-aprendizaje y de optimizar los recursos con que cuenta.

Se consideran como competencias académicas requeridas en un docente para que responda a la demanda de la aldea global del siglo XXI, las siguientes:

- Visión sistémica.
- Manejo de grupos.
- Tecnología para el aprendizaje.
- Diagnóstico.
- Solución de problemas.
- Toma de decisiones.

COMPETENCIAS ADMINISTRATIVAS

Las competencias administrativas constituyen los conocimientos y habilidades específicos que contribuyen a enlazar las actividades docentes con las demandas de la administración de la institución y del entorno de la misma. Las nuevas tendencias vislumbran exigencias de la aldea global del siglo XXI más allá de las funciones de planeación, organización, dirección y control de su cátedra, dependiendo de las actividades que desarrolle el docente y del rol que desempeñe dentro de su área.

El docente del siglo XXI debe saber:
- organizar su tiempo,
- generar estadísticas sobre el desempeño académico de los alumnos,
- analizar la información que recopila,
- presentar reportes,
- planear el contenido que maneja,
- diseñar las actividades didácticas que dirigirá para lograr el aprendizaje,
- evaluar los objetivos trazados, y
- medir los objetivos que se han planeado para la adquisición de conocimientos y desarrollo de competencias de los alumnos.

El docente, sobre todo el de nivel profesional y de posgrado, producto de la internacionalización de los programas de estudio y la globalización, adquiere un nuevo rol que le demanda realizar actividades de investigación por lo que además de saber elaborar presupuestos, manejar personal, controlar costos y gastos debe poder aplicar correctamente la metodología de la investigación científica tanto dentro como fuera de sus responsabilidades en el área administrativa y docente.

Las competencias administrativas son muy importantes pues se debe entender que dentro de cada institución educativa todo el personal trabaja para lograr la preparación integral (personal y profesional) del alumno y para que participe en la sociedad con las herramientas necesarias que le permitan ser de utilidad y sobresalir en la misma.

Para que las instituciones educativas construyan su ventaja competitiva y respondan a la demanda de la aldea global del siglo XXI es necesario que en sus actividades cotidianas el docente aplique un pensamiento crítico enfocado estratégicamente para alcanzar las metas y objetivos cumpliendo con los requerimientos de calidad, costo y oportunidad. Esto permitirá que se entregue un producto o servicio que contenga un valor agregado que lo diferencie del proporcionado por otras instituciones semejantes.

Se consideran como competencias administrativas requeridas en un docente para que responda a la demanda de la aldea global del siglo XXI, las siguientes:

- Pensamiento estratégico.
- Creatividad.
- Planeación.
- Coordinación de acciones.

Competencias humano-sociales

Las competencias humano-sociales constituyen los conocimientos y habilidades específicos relacionados con la capacidad del docente para trabajar armoniosamente con su grupo de clase, sus compañeros de trabajo, padres de familia y cualquier otra persona involucrada en el logro de su meta.

El docente dedica una gran parte de su tiempo a la interacción con personas; esta interacción demanda que cuente con capacidad para dirigirse y comunicarse eficazmente con ellas. Es importante que el maestro recuerde que es parte del sistema total y que, como tal, tiene que estarse vinculando y respondiendo a los que le rodean. Por lo tanto, el auto desarrollo personal, la comunicación, seguridad, fluidez al hablar, manejo político, poder de convocatoria, flexibilidad de comportamiento y resistencia al estrés se vuelven muy importantes para poder desempeñar sus roles.

Se consideran como competencias humano-sociales requeridas en un docente para que responda a la demanda de la aldea global del siglo XXI, las siguientes:

- Desarrollo personal.
- Motivación.

- Liderazgo.
- Comunicación.
- Trabajo en equipo.
- Negociación.

Consecuencias de que los docentes no cuenten con las competencias requeridas

Una institución educativa no podría progresar sin el desarrollo de competencias en sus docentes. Quien no promueva el desarrollo de las potencialidades de sus empleados no tiene visión de futuro y no le interesa el buen funcionamiento de su organización y en consecuencia no podrá dar respuesta a la demanda de la aldea global del siglo XXI.

La dirección de la institución es la encargada de promover el desarrollo de competencias del personal docente y estará en mejor posición de colaborar a que este esfuerzo se materialice si logra que el personal docente cuente con disposición para prepararse y abrirse al cambio continuo y a la mejora en su proceso de crecimiento.

Hay problemas que a primera vista podríamos no catalogar como significativos, sin embargo, a largo plazo constituyen un obstáculo para la adaptación y éxito en la vida personal y profesional de los alumnos y se reflejarán en la inhabilidad de éstos para cumplir con las exigencias socio-económico-culturales del país y del ámbito empresarial.

La obsolescencia de aquellos dedicados a la educación podría ser causa de no resolver con presteza y en forma adecuada los problemas que se presentan y que pudiera llevar al fracaso económico incluso de un país pues no se está respondiendo a las demandas de la aldea global.

Cuando las instituciones educativas no poseen o no desarrollan en el docente las competencias demandadas por la aldea global del siglo XXI se desencadena una serie de eventos perjudiciales para todos los involucrados en el proceso de enseñanza-aprendizaje y finalmente en su renombre.

Las instituciones cuyo personal docente carece de dominio en las competencias requeridas para el siglo XXI tienden a desmejorar su rendimiento y afectar su ambiente de trabajo. Trae como consecuencia que el personal demuestre interacciones humanas inadecuadas y bajo compromiso hacia las metas y objetivos de la institución.

Dependiendo de la actividad en que se involucre a los docentes, ciertas habilidades poseerán mayor importancia. Unas serán más significativas que otras en un momento determinado. El buen funcionamiento del trabajo en general dependerá de haber identificado y desarrollado aquellas competencias que benefician al docente para que desempeñe mejor sus funciones, y a la institución para que se encuentre en posibilidad de contribuir a generar una ventaja competitiva y cumplir con la demanda de la aldea global del siglo XXI.

Competencias del docente siglo XXI
Cuadro sinóptico resumen

Retos del siglo XXI en la educación	Externos	Sociales	Demanda de mayor calidad, cobertura, acercamiento y aplicabilidad en el ambiente laboral.
		Tecnológicos	Implica contar con mejores sistemas de información y aplicarlos en la educación.
		Competencia	Implica realizar alianzas estratégicas, determinar la equivalencia de estudios y certificarse en calidad.
	Internos	Currícula	Demanda nuevos contenidos y nuevas carreras.
		Administración	Requiere nuevos sistemas administrativos, gestión y desarrollo del docente e inversión en tecnología administrativa.
		Competencias del docente	Competencias académicas: conocimientos y habilidades específicos sobre su materia de especialidad, métodos, equipos y tecnologías para la enseñanza-aprendizaje, así como de los procesos o técnicas administrativas de la institución. Por ejemplo: visión sistémica, manejo de grupos, tecnología para el aprendizaje, diagnóstico, solución de problemas y toma de decisiones.
			Competencias administrativas: conocimientos y habilidades específicos que contribuyen a enlazar las actividades docentes con las demandas de la administración de la institución y del entorno de la misma y dependerán de las actividades que desarrolle el docente y del rol que desempeñe dentro de su área. Por ejemplo: pensamiento estratégico, creatividad, planeación y coordinación de acciones.
			Competencias humano-sociales: conocimientos y habilidades específicos relacionados con la capacidad del docente para trabajar armoniosamente con su grupo de clase, sus compañeros de trabajo, padres de familia y cualquier otra persona involucrada en el logro de su meta. Por ejemplo: desarrollo personal, liderazgo, comunicación, trabajo en equipo y negociación.
			Consecuencias de no contar con las competencias requeridas en el docente: no hay progreso, mal funcionamiento de la institución, obsolescencia de la planta docente, perjuicio en el renombre de la institución, falta de adaptación y éxito de los alumnos, desmejora del rendimiento del docente, mal ambiente de trabajo, falta de compromiso hacia las metas y objetivos de la institución e interacciones humanas inadecuadas.

Desarrollo de competencias

Un camino de mil millas comienza con un paso.

Benjamín Franklin

El engaño del canguro

Había una vez un grupo de canguros que vivía felizmente en Australia. Un sabio y respetado canguro, el más astuto de ellos, se convirtió en maestro y enseñaba trucos y estrategias de supervivencia a los más jóvenes.

Un día llegó una mamá canguro a inscribir a su pequeño hijo quien, a pesar de ser joven, era muy maduro para su edad. El maestro le dijo al canguro "muy bien, te espero mañana para iniciar con tus lecciones."

Al día siguiente llegó el joven canguro tal como se había comprometido. Aún y cuando algunos de sus compañeritos no ponían atención y se la pasaban jugando o se escapaban de las clases, él era muy cumplido, asistía y ponía atención al buen maestro y sólo jugaba después de que terminaban sus clases.

Este cangurito era muy querido por sus compañeros porque era muy paciente con ellos y se unía a las actividades del grupo siempre respetuoso y conciente de las diferentes habilidades de cada uno pues comprendía que algunos aprenden más rápido que otros.

Un día, cuando el joven canguro se dirigía a su clase, se detuvo a comer un poco de herbaje y sin darse cuenta cayó en una trampa. En eso un hombre que se encontraba cerca del lugar cuidando que su ganado se nutriera del pasto del lugar escuchó sus chillidos, tomó su caballo y llamó a sus vigorosos perros amaestrados para buscar al animal que había quedado atrapado, seguramente al estarse comiendo tan preciado alimento.

Algunos de los compañeros de grupo del joven canguro vieron los acontecimientos y huyeron a contarle a su madre lo que había sucedido. Ella estaba aterrorizada y corrió a preguntarle al maestro "Oh querido maestro ¿ya se enteró de que un hombre atrapó a mi hijo? ¿Qué podemos hacer para ayudarlo?" El maestro la tranquilizó diciéndole "No tenga miedo. Su hijo ha estudiado con ahínco e interés y no me cabe la menor duda de que utilizará los conocimientos adquiridos para ponerse a salvo. Por lo tanto, no creo que exista razón para que dude de él y piense que saldrá herido por algún humano. No se preocupe. Tengo la certeza de que regresará sano y salvo."

El cangurito, al verse atrapado, sabía que nadie podía ayudarlo y que sólo lo que había aprendido le era de utilidad en ese momento. Así es que decidió usar la estrategia de "jugar al muertito." Entonces se tendió y se fingió muerto. Cuando llegó el humano lo vio inmóvil y para comprobar que realmente estaba muerto le echó agua, lo pellizcó y maltrató. Pero el joven canguro parecía insensible. Como el pequeño no daba señales de vida, el humano procedió a liberarlo de la trampa. Cuando el cangurito se vio libre escapó inmediatamente de un salto. Corrió hasta un paraje en el que sabía se encontraba un lago al cual se metió para esconderse de sus perseguidores, desapareciendo así de su vista.

Una vez que se sintió seguro, corrió hacia su hogar. Todos sus compañeros celebraron su audacia y valentía al enfrentar al humano y sus perros cazadores. Sus acciones dieron un ejemplo de cómo lo que con tanto empeño había aprendido de su maestro le sirvió para su supervivencia.

Moraleja: *Las lecciones bien aprendidas traen grandes recompensas.*

Desarrollo de competencias

Lo que hace grande a una institución educativa, al igual que en toda organización, es su personal, su recurso humano. Es de crucial importancia que el director o administrador genere y aplique estrategias adecuadas en la administración y desarrollo de las competencias trascendentales de dicho recurso, para que la institución se mantenga a la vanguardia y cuente con personal motivado y comprometido con su progreso.

El desarrollo de competencias para cumplir con la demanda de la aldea global del siglo XXI en el docente es parte de una educación de vanguardia. Existe la necesidad actual de que éste no sólo cuente con conocimientos académicos de su cátedra en particular sino que posea habilidades académicas, administrativas y humano-sociales requeridas para hacer una diferencia competitiva.

Antes de que la dirección o el área encargada de la función de actualización docente se aboque al desarrollo de las competencias de los catedráticos, debe asegurarse de que exista la disponibilidad de las personas para detectar, adquirir o fortalecer aquellos conocimientos, actitudes, habilidades y aptitudes de las cuales carecen o en las que se encuentran débiles y que les hace falta perfeccionar para su mejor desempeño en el trabajo. Esto se facilitará si se genera un ambiente que motive e invite a los maestros a cambiar.

El principal objetivo del desarrollo de competencias en el docente es eludir las desastrosas consecuencias resultantes de la obsolescencia profesional y de la falta de competencias en el docente: un proceso de enseñanza-aprendizaje deficiente y un consecuente fracaso para la institución educativa.

El desarrollo de competencias

El desarrollo implica superación, crecimiento y fortalecimiento. Las competencias de los individuos se desarrollan con el tiempo durante cada una de las etapas de la vida. Sin embargo, también es posible perfeccionarlas deliberadamente con el objetivo de alcanzar las metas deseadas y hacerlo en el menor tiempo posible. Las demandas de la aldea global del siglo XXI precisan que tanto el docente como el personal administrativo de las instituciones educativas no sólo posean conocimientos básicos de sus materias de especialidad sino que estén a la vanguardia de los nuevos acontecimientos y descubrimientos de áreas relacionadas.

Para lograr que los recursos humanos sepan manejar, controlar, dirigir y planear mejor su trabajo, cada nivel de la organización debe contar con las competencias necesarias.

Cuando el personal está abierto a los cambios y descubrimientos globales adquiere competencias que lo fortalecen y, cuando las aplica en su departamento, institución o salón de clases, contribuye a contar con un ambiente organizacional saludable y presentar una imagen externa positiva de la institución ante la comunidad. Una imagen que refleje el buen funcionamiento interno.

Estrategias para desarrollar las competencias de los docentes

DuBrin (2000) considera que las habilidades administrativas se aprenden. A pesar de que dicho aprendizaje es más complejo que el de las habilidades estructuradas como utilizar una computadora, las competencias administrativas requeridas por el nuevo rol del docente pueden ser adquiridas a través del desarrollo de diferentes ejercicios o actividades.

El modelo para desarrollar las habilidades de DuBrin comprende adquirir los conocimientos conceptuales y lineamientos conductuales, aprender información conceptual a través de ejemplos de profesionales en acción, elaborar ejercicios por medio de casos y de auto evaluación y obtener retroalimentación proporcionada por terceros sobre el uso o desempeño de habilidades. Esto se complementa con lo que dice Muchinsky (2002) acerca de que para el desarrollo de las habilidades se precisa comprender qué características requieren las personas para realizar lo que desean hacer y al mismo tiempo ponerlas en práctica.

Algunas estrategias tradicionales que las instituciones educativas han seguido para el desarrollo de competencias en los docentes son las siguientes:

- Dejarlos en libertad para actuar en su trabajo sin proporcionar guía o soporte. Esto ha traído como consecuencia ambigüedad, fallas de actuación, poca estandarización y resultados desiguales, porque un factor crítico para la efectividad de esta estrategia es la retroalimentación sobre las fallas.
- Involucrarlos en reuniones de trabajo en las que se informan lineamientos de actuación. Este es un enfoque que de cierta forma proporciona asesoría en funciones nuevas para que se desempeñen de una mejor manera o bajo ciertas características, sin embargo, el compromiso generado por el docente es bajo.
- Proporcionarles entrenamiento sobre nuevas herramientas o sistemas. Se organizan o aprovechan, sobre la marcha, cursos y talleres institucionales cuyo objetivo es preparar al docente para un mejor desempeño en su

función y sobre lo que se está viviendo en la institución. Sin embargo, esta capacitación, la mayoría de las veces, no responde al desarrollo de un perfil docente determinado afín a las metas deseadas, ni considera el estado actual de la competencia en cada individuo.

Es importante desarrollar las capacidades académicas, administrativas y humano-sociales del personal docente porque éste interactúa con muchas personas. La serie de actividades tradicionales utilizadas para desarrollar las habilidades en el docente no son suficientes para brindarle mayor seguridad en lo que está realizando o darle herramientas para enfrentar los problemas que se le presentan en la actualidad.

La estrategia para desarrollar las competencias de una persona debe de ir de acuerdo a las características de cada sujeto y a lo que se quiere desarrollar. Es importante recordar que cada individuo cuenta con diferentes necesidades, capacidades y habilidades y que aquéllas que poseen unos tal vez las carecen otros.

Es primordial que la institución determine un perfil específico de sus docentes para que desde el reclutamiento y selección pueda identificar aquellos elementos que lo cumplen. Además, mantener un seguimiento a la trayectoria de los docentes permite conocer qué tipo de estrategias funcionan mejor con cada quien de acuerdo al rol que va a desempeñar, de acuerdo a los posibles problemas a los que se puede enfrentar durante y a lo largo de su ejercicio laboral y de acuerdo a la visión y misión de la institución.

Algunas ocasiones cuando las instituciones optan por llevar la misma mecánica de desarrollo de competencias con todos sus empleados provocan que ciertas habilidades o actitudes no se actualicen al nivel deseado y por lo tanto que el fin u objetivo, para el cual llevaban dicha mecánica, no se alcance.

La implementación en algunas instituciones educativas de la norma de calidad ISO-9000 y otras similares ha sido la forma en que dan respuesta a las exigencias de la actualidad y a los requisitos que la aldea global del siglo XXI demanda, al constante cambio global, al desarrollo tecnológico en él, a la innovación y al crecimiento de la competencia.

La implementación de las normas de calidad antes mencionadas ha contribuido a que se capacite y actualice a muchos docentes y administrativos para desarrollar sus labores y a que se busque prepararlos para el cambio en lo académico y para que logren contar con las competencias necesarias dentro de cada área de trabajo. Sin embargo, todavía queda un largo camino por recorrer para poder responder a lo que la aldea global del siglo XXI está exigiendo a los docentes dentro de una sociedad basada, cada vez más, en el conocimiento y dentro de una institución que se enfrenta a una competencia global sin cuartel.

Estrategias siglo XXI para desarrollar las competencias de los docentes

En este mundo de globalización que viven las instituciones en la actualidad, es necesario que se realicen esfuerzos más inteligentes para que el personal esté mejor capacitado, más preparado y cuente con un nivel superior de estudios. Es imprescindible el desarrollo del perfil de las competencias docentes requeridas tanto para la satisfacción del cliente como para la mejora continua.

Las acciones que ayudan a conseguir que el docente se encuentre listo para una contribución efectiva y eficaz son:

- Asegurarse de que el personal docente cuente con los conocimientos, habilidades, competencias, estudios, entrenamiento e información que le ayuden a realizar y mejorar su trabajo.

- Establecer una relación de ayuda, respeto, aprobación, apoyo, retroalimentación y estímulo entre los diferentes niveles (jefe-subordinado-compañero).
- Asegurarse de que cuenten con los recursos humanos, materiales y de capital necesarios para realizar o mejorar su trabajo.
- Mantener una comunicación hacia arriba-abajo-lateral que sea efectiva.

Tanto las instituciones como los maestros tienen que mantener presente que cada día y a cada momento todo cambia y se tendrá que evolucionar al mismo ritmo en diferentes ámbitos, desde lo tecnológico hasta lo personal, para contar con las competencias necesarias para trabajar, tomar decisiones y solucionar problemas de diversa índole.

Una manera de preparar al docente para los cambios es desarrollar sus competencias a través de:

- lograr que se involucre en diversos proyectos o áreas,
- generar compromiso de su parte hacia la institución,
- darle poder para tomar decisiones,
- capacitarlos continuamente para estar actualizados en todas las áreas,
- rotarlos en diferentes departamentos y funciones para que adquieran una visión global.

Algunas estrategias que optimizan la contribución del docente para afrontar los retos del nuevo milenio son las siguientes:

- flexibilizar las currículas,
- utilizar equipos de enseñanza con diferentes estilos,
- promover la patente y comercialización de ideas nuevas y valiosas,
- publicar aquellos trabajos de investigación o literarios que contribuyan a la generación de conocimiento,

- instituir premios a la calidad docente o postular, de entre el personal, candidatos a premios a la educación ya establecidos,
- formar equipos de proyectos para:
- saberes integrados,
- cambios curriculares,
- equiparar cátedras, estudios y competencias, y
- la diversificación de la forma y estructura de los contenidos y métodos de enseñanza-aprendizaje.
- instituir redes de actualización docente,
- realizar alianzas estratégicas y vinculaciones pertinentes y útiles con otras instituciones, asociaciones, sociedades civiles, empresarios y con el gobierno,
- ofertar estudios cortos, modulares o a distancia,
- instituir políticas claras,
- promover un ambiente participativo,
- establecer enlaces con instituciones de investigación,
- participar en proyectos en conjunto con otros países,
- asignar tiempo para el desarrollo de la profesión,
- participar en comités locales, nacionales e internacionales de vanguardia,
- coordinar foros para compartir las mejores prácticas,
- detectar necesidades de investigación en los centros de trabajo y la sociedad en general,
- solicitar apoyo financiero de proyectos a nivel local, nacional e internacional,
- capacitar, desarrollar y educar continuamente al personal de acuerdo a un diagnóstico y en base a metas estratégicas de la institución, y
- rotar los roles y los puestos.

El ritmo acelerado de la vida laboral cotidiana sólo permite invertir poco tiempo en la planeación de actividades y mejoras a los sistemas de trabajo. Sin embargo, hacerlo reditúa grandes beneficios tanto para el individuo como para la organización.

Aún y cuando invertir tiempo en la planeación de actividades demanda un segundo esfuerzo, una vez que las personas se vuelven competentes y han participado en generar el cambio, el ambiente que las rodea se transforma en consecuencia pues ahora les es posible encontrar funciones que contienen valor agregado, una mayor satisfacción y un mejor ambiente de trabajo.

Una de las oportunidades que toda institución que se precie de ser líder debe aprovechar es la de emplear la energía y competencias del recurso humano para determinar estrategias que anticipen y produzcan mejores formas de trabajar, innoven productos y servicios ofrecidos o generen cuestionamientos que lleven a una ventaja competitiva.

Desarrollo de competencias
Cuadro sinóptico resumen

Desarrollo de competencias en el docente	Objetivos		Mantenerse a la vanguardia. Contar con personal motivado y comprometido con su progreso. Generar o fortalecer conocimientos, actitudes, habilidades y aptitudes para perfeccionar el desempeño en el trabajo. Motivar a cambiar.
	Estrategias	Tradicionales	Libertad de actuación, sin guía o soporte. Involucramiento en reuniones informativas sobre lineamientos de actuación. Entrenar en nuevas herramientas o sistemas.
		Requeridas en el siglo XXI	Involucrar a los docentes en diversos proyectos o áreas. Generar compromiso hacia la institución. Darles poder para tomar decisiones, capacitarlos continuamente para estar actualizados en todas las áreas o rotarlos en diferentes departamentos y funciones. Flexibilizar las currículas. Utilizar equipos de enseñanza con diferentes estilos. Promover la patente y comercialización de ideas nuevas y valiosas. Publicar trabajos de investigación o literarios. Instituir premios o postular personal para premios a la educación. Formar equipos de proyectos. Instituir redes de actualización docente. Realizar alianzas estratégicas y vinculaciones. Ofertar estudios cortos, modulares o a distancia. Instituir políticas claras. Promover un ambiente participativo. Establecer enlaces con instituciones de investigación. Asignar tiempo para el desarrollo de la profesión. Participar en comités de vanguardia. Compartir las mejores prácticas. Capacitar, desarrollar y educar continuamente al personal, de acuerdo a un diagnóstico y en base a metas estratégicas de la institución.

Desarrollo Personal

La batalla más difícil la tengo todos los días conmigo mismo.

Napoleón Bonaparte

El canguro que no se preparó

Hace mucho tiempo, un grupo de canguros vivía felizmente en Australia. Entre ellos se encontraba un sabio y respetado canguro que era maestro y enseñaba trucos y estrategias de supervivencia a los más jóvenes.

Un día llegó una mamá canguro a inscribir a su hijo, quien era muy inquieto, desobediente y no ponía atención. "Querido maestro, por favor enseñe a mi hijo los trucos y estrategias que todos los canguros deben conocer para poder sobrevivir al constante ataque de los hombres." El maestro le contestó que aceptaba a su hijo como alumno y le dijo al pequeño canguro, "muy bien, te espero mañana para iniciar con tus lecciones."

Al día siguiente llegó el joven canguro, tal como lo había prometido. Pronto, al darse cuenta de que algunos de sus compañeritos no ponían atención, se la pasaban jugando o se escapaban de las clases, se integró con ellos y siguió su mal ejemplo.

El sabio y respetado maestro utilizó diferentes métodos para persuadir a los distraídos canguritos para que pusieran atención y aprendieran a sobrevivir y evadir o reaccionar ante las trampas que los humanos utilizaban para atraparlos pero todo fue en vano.

Un día, cuando el joven canguro se dirigía a su clase, se detuvo a jugar un poco en los pastizales y sin darse cuenta quedó enganchado en la trampa que un hombre había puesto para capturar a los animales que se comían el alimento de su ganado.

Cuando tan desafortunada noticia llegó a los oídos de la madre del cangurito, se preocupó mucho y corrió a preguntarle a su maestro "¿cree usted que mi hijo haya aprendido las estrategias y trucos de los canguros para salvarse de los humanos?"

El maestro le contestó "estimada señora, su hijo nunca se interesó por mejorar sus aptitudes, por más que le hice saber las consecuencias que sus actos le traerían y por más que traté de enseñarle, nunca cambió la mala actitud que tenía y su motivación estaba en vagar con sus amigos."

La madre del joven canguro se retiró llena de tristeza y dolor, reconocía que, sin la voluntad de su hijo para aprender y protegerse a sí mismo, no era posible que alguien pudiera ayudarlo.

No tardó en llegar la triste noticia de que el pobre canguro había sido atrapado y muerto por un hombre que le quitó la piel para venderla y llevó la carne para alimentar a su familia.

Moraleja: *Quien no escucha consejo, no llega a viejo.*

Desarrollo personal

El desarrollo personal, enfocado como una de las competencias requeridas en el docente, tiene la finalidad de enfatizar cómo es que descubrir sus capacidades y ver de qué manera las aplica influye en lograr un óptimo desempeño pues, de esta manera al conocerse mejor, estará más conciente de las proyecciones de su persona en otros.

El desarrollo personal es de suma importancia para lograr el éxito en la docencia. Contribuye tanto en el propio individuo como en el desarrollo de habilidades de sus alumnos quienes, a su vez, influyen en el progreso de la comunidad y la sociedad en general.

El desarrollo personal es un reto que consiste en potenciar los puntos fuertes y superar las propias limitaciones que, en muchas ocasiones, son el resultado de las decisiones que se han tomado a lo largo de la vida.

Para motivarse hacia la superación personal es conveniente recordar la existencia de numerosas formas de ver las cosas que, si los acontecimientos o cambios se perciben como oportunidades de crecimiento y superación, servirán de trampolín a la persona que sepa lo que quiere y que esté preparada para aprovecharlas.

Cada uno debe decidir qué actitudes adoptar, cuáles son las competencias que debe desarrollar, con qué aspectos de su persona se tiene que quedar y cuáles hay que desechar para adaptarse a las circunstancias cambiantes de la vida.

El desarrollo personal

La gente acostumbra a actuar según la primera impresión y es común que se de una percepción equivocada de lo que ve o escucha pues el ser humano no percibe lo que verdaderamente existe sino lo que más le llama la atención, lo que desea ver o escuchar debido a sus expectativas o aquello con lo que está familiarizado.

Se debe trabajar en el desarrollo personal para poder contar con una visión más equilibrada y funcional de la existencia y porque cada individuo tiene diferente percepción de la realidad.

"El desarrollo personal es una preparación psicológica para emprender y conseguir nuestros proyectos en la vida" (Trejo y Carrasco, cap. VIII). El desarrollo personal nos permite actuar para lograr los objetivos formulados. Todos pueden ser, tener o hacer cualquier cosa que se propongan si realmente están dispuestos a realizar el esfuerzo.

Entre las acciones necesarias para el desarrollo personal se encuentran identificar, fortalecer y explotar las virtudes y habilidades y buscar la forma para descubrir y enfrentar los defectos. De esta manera la toma de decisiones a lo largo de la existencia se realizará más concientemente.

El desarrollo personal según Brito Challa "es una experiencia de interacción individual y grupal a través de la cual los sujetos desarrollan u optimizan habilidades y destrezas para la comunicación abierta y directa, las relaciones interpersonales y la toma de decisiones, permitiéndoles conocer un poco más de sí mismos y de sus compañeros de grupo, para crecer y ser más humanos" (1992, p. 112).

El desarrollo personal se fundamenta principalmente en el compromiso individual de funcionar más adecuadamente en todas las áreas de su vida, en encontrar satisfacción en el día con día y en interactuar en una forma más equilibrada y armónica con el resto de las personas.

Conocerse y valorarse a sí mismo como persona, ser independiente, auto dirigirse y ser auto eficaz, todo en conjunto, lleva a una vida de bienestar personal, familiar, laboral y social. El objetivo concreto es lograr un camino de transformación y excelencia personal para ser líderes de la aldea global del siglo XXI.

Importancia del desarrollo personal del docente

Cuando alguien comienza un proyecto siempre tiene en mente triunfar en su cometido. Por esta razón el desarrollo de las personas ha logrado obtener un lugar importante y trascendental dentro de las instituciones en las últimas décadas y muchos autores detallan cómo convertirse en un ser íntegro y completo para llevar a cabo con éxito todo lo que emprenda.

El desarrollo personal es el aspecto más importante que todo ser humano debe mantener, mejorar, proteger e incrementar. Cornejo (1999) indica que el desarrollo personal depende de uno mismo, es decir está en nuestra persona interior y que para lograrlo es necesario llevar a cabo una serie de actividades que conduzcan a la realización y el crecimiento personal veraz y oportuno.

La actitud hacia el progreso, en particular, marca definitivamente la diferencia entre personas. El individuo mismo es responsable de su propio perfeccionamiento y debe tener conciencia de su ser pues, de no hacerlo de esta manera, su desarrollo personal estará influenciado por quienes lo rodean.

El desarrollo personal del docente es muy importante porque éste trata y convive directamente con estudiantes para los que constituye un modelo a seguir. Dependiendo de la forma en que el docente se presente ante ellos en el aula, se convertirá en un ejemplo bueno o malo de acuerdo a su proceder, a su capacidad para explicar los temas relacionados con cada una de las materias de interés, a su preparación, a su actualización en la cátedra y a sus valores manifiestos.

Aspectos que promueven u obstaculizan el desarrollo personal del docente

"Del mismo modo que intentamos realizar nuestro potencial biológico, también tratamos de hacer lo mismo con los auto conceptos, nuestro sentido conciente de quiénes somos y de lo que queremos hacer" (Valdivia, No 17, 1999).

Algunos de los elementos que contribuyen al desarrollo como individuos son la capacidad de auto motivación, la disponibilidad, la capacidad de investigar y los conocimientos. Esto es, unir una personalidad proactiva a los métodos adecuados para incrementar el auto conocimiento.

Por el contrario, una baja capacidad de auto análisis, los temores, una baja auto estima, el auto engaño y no tener a la mano los medios necesarios para el aprendizaje obstaculizan el desarrollo personal.

Para el desarrollo, aprendizaje y transformación personal es elemental la propia aceptación, tanto de sus virtudes como sus defectos y el aprovechamiento de las características innatas.

Adicionalmente, es relevante considerar la trascendencia de cuidar que las metas y los objetivos a los que se aspira sean realistas y alcanzables y que se cuente con mecanismos de retroalimentación acerca del desenvolvimiento de los mismos, dado que las metas y los objetivos le dan sentido al desarrollo personal.

Estrategias para promover el desarrollo personal

Mantener la motivación y la actualización constantemente es fundamental. De igual importancia es aceptar el cambio como algo natural, contar con el deseo de auto superación y tener una actitud positiva para lograrlo. Esto puede realizarse a través de la observación tanto de los elementos internos como externos que se encuentran involucrados.

Como mecanismos internos del desarrollo personal podemos incluir el fortalecimiento de los siguientes aspectos:

- La voluntad, la persistencia, la resistencia a la frustración y el sentido ético que constituyen una guía para la disposición al cambio.
- La auto observación que lleva al auto conocimiento como un análisis o una reflexión sobre las opiniones propias y las de personas allegadas acerca de sus capacidades.
- La auto eficacia que se adquiere a través de conocer las fortalezas y áreas de oportunidad, para apoyarse en los puntos fuertes y transformar los débiles en posibilidades de mejora, procurando mantener un concepto realista y positivo del ser.
- El auto concepto o la opinión que tengo de mí mismo. Como un juicio que está influenciado por paradigmas de socialización y educación a lo largo de la vida, los que pueden equilibrarse a través de profundizar para conocer mejor la forma en que funciono.
- La auto estima para la apreciación sobre la propia valía que involucra reconocerla cuando es positiva (alta autoestima) o transformarla cuando es negativa (baja autoestima).
- La auto motivación o nivel de energía que guía y mantiene la dirección hacia la que se dirige el comportamiento de una persona.

Como aspectos externos del desarrollo personal podemos incluir a la familia, el ambiente laboral y el ambiente social. En estos ámbitos se presenta la posibilidad de desarrollar habilidades sociales y de comunicación, como la empatía, la escucha activa, la flexibilidad y la asertividad, que constituyen un excelente apoyo para la superación y mejora de la inteligencia emocional, sobre todo cuando fortalecemos los mecanismos de retroalimentación al interactuar en dichos elementos.

La interacción armoniosa de estos factores es lo que permite el desarrollo de las personas, la determinación de objetivos y el establecimiento de metas personales, académicas y profesionales, que sean viables y puedan ser medidas y sobre todo, darles seguimiento y continuidad.

Maestros opinan sobre el desarrollo personal

1. **¿Cómo se ve reflejado el desarrollo personal del docente en los estudiantes?**
   - Pienso que si el maestro se considera con influencia en sus alumnos y está bien preparado logrará que la imagen que los jóvenes tienen de sí mismos mejore. Es de suma importancia que el maestro cuente con buena auto imagen para motivar y reorientar a la juventud porque la percepción que tengo del alumno de preparatoria es que no cuenta con metas y objetivos para el futuro, piensa que está de paso y carece de interés en el estudio.
   - El grado de desarrollo personal del docente se ve reflejado en su interés por lograr que los alumnos aprendan y en lograr que aprendan aún aquellos alumnos que no desean aprender.
   - El docente trasmite principalmente conocimientos a los estudiantes y lo hace en la forma que él cree más conveniente para influir en la interpretación de los mismos. Cuando el maestro ha cultivado su desarrollo personal no se conformará con ser transmisor de información, buscará también el desarrollo personal de sus alumnos.
   - Creo que entre mayor sea el desarrollo personal del docente mayor será el aprovechamiento de sus alumnos. Definitivamente un maestro que ha crecido

como persona puede influir positivamente en la percepción que tengan sus alumnos de la realidad.

2. **¿Qué métodos puede utilizar el docente para que la percepción que tiene de sí mismo influya positivamente en sus estudiantes?**
   - Primero que nada, el docente debe de contar con una percepción positiva de él mismo. Cuando el maestro aprecia su propio valor trata de involucrar más a los alumnos en el aprendizaje y también de hacerlos concientes del impacto que todo lo aprendido tiene en su vida.
   - El maestro que desea influir positivamente en sus estudiantes requiere contar con herramientas que le permitan valorarse a sí mismo y a su trabajo. Algo que contribuye a valorar su labor docente es promover más trabajo en equipo con sus alumnos. Esto le permite un mayor aprendizaje de sí mismo a través de su interacción con los alumnos.
   - El docente que desea influir positivamente en sus alumnos debe utilizar un criterio basado en los valores éticos y morales dominantes al relacionarse con ellos. Es imprescindible que el docente procure enseñar conforme a los valores morales y evite trasmitir anti-valores a sus alumnos.
   - Cuidar la forma de presentarte ante los alumnos, el vestir, el modo de hablar, el trato, el lenguaje mímico, la expresión de sentimientos, así como el dominio amplio del tema en clase pueden hacer que el maestro tenga una influencia positiva en sus estudiantes.

3. **¿Qué tan importante es el desarrollo personal del docente?**
   - El desarrollo personal es muy importante en la labor del docente debido a que éste trata y convive direc-

tamente con aprendices y debe ser un buen ejemplo para ellos.
- Es muy importante. Por eso es que debe estar al pendiente de actualizarse día a día tanto en lo personal como en lo profesional. Debe estar preparado y actualizado para poder transmitir conocimientos de utilidad y valores morales.
- Considero que es muy importante, porque el desarrollo personal radica tanto en la forma en que el maestro se comporta en el aula, como en su habilidad para explicar temas específicos.
- Es importante que el docente esté actualizado y al día mediante la capacitación. Su desarrollo personal es importante porque contribuye al desarrollo de las habilidades de sus alumnos. Del mismo modo, lograr que los alumnos se desempeñen mejor reditúa en el desarrollo personal del maestro. Es un círculo virtuoso.

4. **¿Cuáles son los aspectos que serían más importantes para el desarrollo personal de los docentes?**
    - Para que el maestro se desarrolle como persona son importantes la auto observación, la autoestima y la motivación.
    - Creo que la motivación es el aspecto más importante. Si como docentes nos proponemos a realizar algo, el grado de motivación que tengamos contribuye a impulsar nuestro comportamiento hacia satisfacer nuestras necesidades personales y profesionales.
    - El aspecto personal, el familiar, el laboral y el social son igualmente importantes para el desarrollo personal de los docentes porque, todos y cada uno de ellos, proporciona información valiosa que propicia el crecimiento personal.

- Considero que los aspectos más importantes que ayudarán al docente a trabajar en su propio desarrollo interior son poseer una alta autoestima y un alto grado de motivación.

5. **¿Cómo impacta el nivel de autoestima del docente en los resultados del grupo de alumnos?**
    - Los impacta circunstancialmente. Para que la autoestima del docente tenga un impacto significativo habría que conjugar la eficacia profesional con la preparación y la capacidad para dominio de los grupos.
    - El docente que se prepara personal y académicamente y reconoce su propio valor refleja esta auto percepción en sus alumnos. El docente que valora su nivel de preparación, su ímpetu, su calidad moral y el amor por lo que hace, influye positivamente en los conocimientos adquiridos y comportamientos expresados por sus alumnos.
    - La autoestima del maestro ejerce un efecto directo en la compresión de los temas por el alumno. Si la autoestima del docente es baja el alumno será afectado negativamente en su aprendizaje y si es alta le va a beneficiar porque la autoestima le da seguridad.

6. **¿Cómo considera que se puede propiciar un nivel equilibrado de autoestima en los docentes?**
    - Considero que se puede lograr a través de elevar el estatus profesional del magisterio, mejorar las condiciones de trabajo, propiciar una mejor preparación y proporcionar la suficiente retribución al trabajo. Todo esto genera como consecuencia la superación de los educandos, aspecto necesario tanto para la sociedad como para la economía del estado y del país.

- El nivel de autoestima de los docentes puede equilibrarse si se promueven los distintos factores que la integran, como son los económicos y académicos, además del reconocimiento por parte de sus propios compañeros y de la sociedad de que cumple e incluso supera su función de enseñanza y formación de individuos capaces de enfrentar exitosamente los retos que se les presenten.
- Para equilibrar el nivel de autoestima del docente, éste necesita contar con factores de comodidad, superación académica y un salario digno que le permitan sentirse satisfecho con su trabajo.
- Pienso que equilibrar el nivel de autoestima del docente requiere de capacitarlo con cursos de autoestima y motivación personal acordes a sus expectativas personales, culturales y laborales, para que transmita esa imagen a sus alumnos.

7. **¿De quién es la responsabilidad del desarrollo personal del docente?**
   - Es responsabilidad de uno mismo y no de los demás.
   - El docente mismo tiene la responsabilidad, porque el desarrollo personal lo busca uno mismo.
   - El medio ambiente puede influir en el desarrollo personal del docente, pero la responsabilidad de su desarrollo es de él mismo. El desarrollo de cada uno de nosotros depende de uno mismo aún y cuando haya situaciones externas que nos obstaculicen el camino a la superación.
   - El principal responsable es el propio docente porque es él quien tiene que estar más interesado y preocupado por superarse como persona. Y en segundo lugar la administración porque puede programar cursos para que al docente se le facilite su desarrollo.

Desarrollo personal
Cuadro sinóptico resumen

Desarrollo Personal	Definición	Experiencia de interacción individual y grupal a través de la cual los sujetos desarrollan u optimizan habilidades y destrezas para la comunicación abierta y directa, las relaciones interpersonales y la toma de decisiones, permitiéndoles conocer un poco más de sí mismos y de sus compañeros de grupo, para crecer y ser más humanos.
	Objetivos	Enfatizar cómo al descubrir sus capacidades y ver de qué manera las aplica influye en lograr un óptimo desempeño del docente. Estar más conciente de las proyecciones de su persona en otros.
	Importancia	El docente es un modelo a seguir, transmite conocimientos y valores e influye en los alumnos.
	Lo promueven u obstaculizan	Lo promueven: la capacidad de auto motivación, la disponibilidad, la capacidad de investigar y los conocimientos. Lo obstaculizan: una baja capacidad de auto análisis, los temores, una baja auto estima, el auto engaño y no tener a la mano los medios necesarios para el aprendizaje.
	Estrategias para promoverlo	Fortalecimiento de la voluntad, la persistencia, el sentido ético y la auto observación. Reforzamiento de la auto eficacia, el auto concepto, la auto estima y la motivación. Desarrollar la empatía, la escucha activa, la flexibilidad y la asertividad y fortalecer los mecanismos de retroalimentación.

Actividades para generar competencia en el desarrollo personal

Meditación analítica

Busque un lugar tranquilo, asegúrese de usar ropa cómoda y seguir los siguientes pasos:
1) Respiración profunda.
2) Relajar el cuerpo.
3) Aquietar la mente.
4) Análisis.

1) Respiración profunda

Sentado cómodamente, trate de mantener la espalda recta y relajada, inhale profundamente (distendiendo el abdomen) y exhale con fuerza en tres ocasiones. Al inhalar imagine que se respira quietud y al exhalar imagine que sale toda tensión y cansancio del día.

La atención debe conservarse en la respiración. Trate de mantener un ritmo uniforme y tranquilo. Repita 21 veces de esta manera.

2) Relajar el cuerpo

Recorra mentalmente su cuerpo y trate de relajar concientemente cualquier parte que se encuentre tensa. Si tiene dificultad para relajarse, empiece por tensar y relajar cada parte del cuerpo, inicie por los dedos de los pies y termine por la cara y la cabeza.

3) Aquietar la mente

Imagine que está en su lugar favorito y que su mente es un apacible lago. Cualquier pensamiento lo puede perturbar y provocará movimiento en su superficie por lo que a cualquier pensamiento o recuerdo se le permite que llegue, que pase y que se vaya amablemente. Mantenga esta actitud por unos minutos.

4) Análisis

Inicie por recordar una situación o evento difícil, algo que pasó durante el día, quizá algún conflicto que se haya tenido con otra persona. Mientras recuerda, no ponga atención a lo que la otra persona decía y hacía, sino a lo que usted pensaba y sentía en ese momento.

Reflexione

Ponga atención en cómo la forma en que se describe la situación, determina cómo es que ésta se revive.

Reflexione

Observe la forma en que su estado emocional y su actitud influyeron en lo que dijo o hizo y cómo contribuyó lo que dijo o hizo a que se generara esa situación con las demás personas involucradas.

Reflexione

Ahora regrese a la manera en que interpretó la situación y pregúntese ¿Fue realista? ¿Realmente percibía la situación de manera objetiva? O lo hacía a través del filtro del YO, del MÍ, de lo MÍO, de una actitud auto centrada.

Reflexione

Usualmente creemos haber percibido las situaciones de conflicto con alguien de manera objetiva, consideramos haberlas percibido acertadamente. Pero normalmente las vemos a través de los filtros de la perspectiva connatural, de acuerdo a las propias necesidades.

Reflexione

¿De que otra forma podría haber visto esa situación? ¿Cómo sería si la viera desde la perspectiva de la otra persona, de sus necesidades, de sus preocupaciones? ¿Cuál sería otra posible forma de interpretar y describir esos eventos y de qué forma eso hubiera cambiado la forma en que vivió la situación?

Reflexione

Determínese a estar más atento a la forma en que interpreta las situaciones y acontecimientos cotidianos, a poner más atención en las expectativas que tiene de las personas, situaciones o cosas y cómo proyecta sus propias necesidades y aspectos negativos de su personalidad en ellos. Hágase conciente de su falta de flexibilidad mental. Decida tratar de ver los eventos de una manera más amplia, compasiva y con una mente abierta.

Cambio de historia personal

Busque un lugar tranquilo, asegúrese de usar ropa cómoda y seguir los siguientes pasos:

1) Respiración profunda.
2) Relajar el cuerpo.
3) Aquietar la mente.
4) Cambio de historia.

Los pasos del 1 al 3 son iguales que en la meditación analítica.

4) Cambio de historia

Piense en una situación de la vida diaria (trabajo, familia, amistades), que no sea muy seria, pero que le genera cierto grado de molestia.

Recuérdela como si observara una película en la pantalla del cine. Si se le facilita más hacerlo con los ojos cerrados, entonces ciérrelos. Trate de ver lo que sucede, escuche lo que usted y los demás dicen y reviva las emociones y sensaciones físicas de ese momento.

Ahora levántese del lugar actual y busque otro lugar en donde sentarse nuevamente.

Piense en una pieza musical que le guste mucho y que le genere emociones y estados anímicos completamente diferentes a los que generaba el suceso que recordó con anterioridad. Seleccione la pieza musical que más le guste, que sólo sea melodía, sin letra. Ponga atención a la pieza musical, escuchándola tan claro y fuerte como sea posible.

Levántese y vuelva a sentarse.

Recuerde nuevamente la situación que le generaba molestia, pero manteniendo un fondo musical con la pieza que escogió escuchar anteriormente. Cierre los ojos, observe lo que sucede, escuche lo que usted y los demás dicen, recuerde los sentimientos y sensaciones físicas.

Ahora, sin el fondo musical, recuerde nuevamente la situación anterior. Con los ojos cerrados, vea lo que sucede, escuche lo que se dice, recuerde las emociones y sensaciones.

Observe que la molestia ha disminuido o desaparecido, que han cambiado sus sentimientos y emociones.

Observe que todo está en la mente y que puede cambiar el guión de las historias negativas introyectadas al contraponer emociones positivas que las neutralizan.

Mi héroe favorito

Busque un lugar tranquilo, asegúrese de usar ropa cómoda y seguir los siguientes pasos:
1) Respiración profunda.
2) Relajar el cuerpo.
3) Aquietar la mente.
4) Mi héroe favorito.

Los pasos del 1 al 3 son iguales que en la meditación analítica.

4) Mi héroe favorito

Para la exploración de creencias y valores personales recuerde un personaje de revista o televisión de la niñez al cual admiraba e incluso consideraba como su héroe o heroína.

Identifique qué valores, creencias y/o conductas caracterizaban a ese personaje. De preferencia escríbalos.

Si fuera posible que reinventaran ese personaje ¿qué valores, creencias y/o conductas cambiarían?

¿Qué le dicen acerca de usted mismo esos valores, creencias y/o conductas que identificó? ¿Y qué significan los que cambiaron?

Contribución institucional

Las instituciones educativas, a través de sus prácticas organizacionales, pueden facilitar espacios físicos y de tiempo para propiciar la introspección y auto reflexión del personal, tales como:
- Organizar grupos de crecimiento personal, de meditación, de yoga y tai-chi.
- Designar espacios físicos (una sala o habitación) sin ruido y cómodos destinados para que los administrativos y docentes tengan la oportunidad de hacer una pausa en el camino de la agitación cotidiana y dedicar tiempo a su balance energético y emocional.
- Nombrar mentores encargados de retroalimentar sobre el desarrollo personal del mentoreado.

La Motivación

Hay en el mundo un lenguaje que todos comprenden, es el lenguaje del entusiasmo, de las cosas hechas con amor y con voluntad, en busca de aquello que se desea o en lo que se cree.

Paulo Coelho

El príncipe Carlos

Existió una vez un rey que tenía diez hijos. Era costumbre de la época que los príncipes fueran educados por maestros particulares en las artes del buen gobierno y una vez que fueran mayores de edad se les asignara una provincia del reino para que adquirieran experiencia y estuvieran listos para cuando se diera la sucesión.

Conforme fueron creciendo los hijos del rey, en su debido momento, se les envió a diferentes provincias, todas lejanas de la capital, hasta que llegó el día en que el más joven de todos, el príncipe Carlos, fue lo suficientemente maduro como para recibir esa responsabilidad.

Al reunirse Carlos con su padre el rey, le dijo "padre por favor no me envíes lejos. Yo deseo ayudarte a ti, quiero que ya no estés tan agobiado por las responsabilidades del reino y que te relajes un poco." El rey lo pensó por unos instantes y le contestó "creo que tienes razón. Cada vez es más difícil para mí conocer cuáles son las necesidades del pueblo y realizar las obras de bienestar social. Bueno sería que me ayudaras con eso."

Carlos se encontraba sumamente feliz porque, además de permanecer al lado de su amado padre, tendría la oportunidad de convivir con los ciudadanos de su pueblo. Pensó "si actúo con amabilidad, honestidad y transparencia al efectuar las obras de bienestar social, las personas aceptarán de buen agrado colaborar con el pago de impuestos."

Pasó el tiempo y Carlos hizo buena labor tanto en cuidar a su padre como con el pueblo, ganándose el cariño y respeto de todos por su manera de ser y forma de administrar los recursos generados por los súbditos.

Cuando el rey se encontraba en su lecho de muerte llamó a sus diez hijos y les dijo "todos ustedes han hecho un excelente trabajo en sus respectivas provincias. Sin embargo, la motivación que cada uno de ustedes posee para ocupar el trono es diferente. Mi decisión es que Carlos ocupe mi lugar cuando yo falte porque él ha sido el que más interés ha demostrado hacia el bienestar del pueblo."

Los príncipes se sentían insatisfechos con la decisión de su padre pero el pueblo se encontraba feliz. Los hermanos llamaron a Carlos y le dijeron "somos mayores que tú y pensamos tener más derecho a reinar. Así es que será mejor que cedas el trono o ¡te haremos la guerra!"

Carlos era muy bondadoso y no le gustaba la violencia por lo que les respondió "el pueblo con el que he convivido todos estos años está feliz. No me gustaría llevarlos a la guerra por algo que no vale la pena." "¡Cómo que no vale la pena!" contestaron los hermanos al unísono. "Si lo piensan", dijo Carlos, "normalmente dividimos la riqueza del reino en forma justa para cada provincia. ¿Qué es entonces lo que hace la diferencia? ¡Nada! Sólo el símbolo de la corona."

Las palabras de Carlos hicieron reflexionar a los ambiciosos muchachos quienes se daban cuenta de la verdad que encerraba lo que había dicho. "Tienes razón, convinieron los hermanos. En el tiempo que ayudaste a nuestro padre siempre fuiste equitativo con todos nosotros. Aceptamos que seas el rey, tal como lo deseó nuestro padre."

El rey Carlos vivió por muchos años. A todos sus hermanos los respetó y trató con equidad, evitó las confrontaciones y envidias, lo cual convirtió a su reino en uno próspero y feliz.

Moraleja: *Uno es recompensado diez veces más por mantener una motivación pura.*

La motivación

De acuerdo con el Diccionario de la Real Academia Española (Vigésima segunda edición) la palabra motivación consiste en un "Ensayo mental preparatorio de una acción para animar o animarse a ejecutarla con interés y diligencia". La motivación impulsa a hacer algo porque resulta muy importante para uno hacerlo. Cuando la organización reconoce que la motivación nace en el interior del individuo y lo impulsa hacia la meta se encarga de generar las condiciones en las cuales el individuo encuentre oportunidades para satisfacer sus aspiraciones.

Lograr la motivación es una de las tareas administrativas más difíciles en todo tipo de organización. El éxito de una adecuada motivación va más allá de contar con una buena planta docente. Un buen plan motivacional no se centra únicamente en el trabajador sino en la satisfacción que él mismo y su familia obtienen de las funciones que éste desempeña durante su jornada laboral y, ¿por qué no?, también fuera de ella en relación con su trabajo.

La motivación, dice Robbins (2004), está constituida por los "procesos que dan cuenta de la intensidad, dirección y persistencia del esfuerzo por conseguir una meta." Kinicki y Kreitner (2005) la consideran como los "procesos psicológicos que generan y dirigen el comportamiento orientado a objetivos." Si tomamos en cuenta que la motivación es un impulso que genera y dirige el comportamiento de una persona para que realice las actividades conducentes a satisfacer sus necesidades o deseos, entonces construir condiciones organizacionales motivadoras permitirá que los empleados estén a gusto dentro de la institución y trabajen de manera efectiva.

Importancia de la motivación del docente

En el contexto de sus variadas definiciones se puede considerar a la motivación como uno de los ejes principales que promueven e impulsan las labores eficaces y efectivas, de un docente frente a sus alumnos, para lograr los objetivos que se requieren dentro de toda institución educativa. Cuando el maestro encuentra satisfacción personal en su contacto con los alumnos y en los resultados alcanzados en su aprovechamiento, se sientan las bases de la consecución tanto de sus metas personales como de las institucionales.

La actitud que el maestro muestra frente al alumno es determinante. Un maestro sin motivación probablemente dedicará parte de su tiempo a la crítica lo cual proyecta una imagen negativa de la institución. En cambio, si está motivado hará lo posible por realizar su trabajo y poner en alto el nombre de la misma.

Es de gran importancia saber qué cosas motivan al docente para influir positivamente en el aprendizaje de sus alumnos. Un maestro con motivación para su labor diaria hace su trabajo por convicción y no por obligación y se desempeña adecuadamente dentro y fuera de su espacio de clases.

Las labores de los empleados afectan la productividad. Por lo tanto, si la motivación es un factor importante para logar un alto desempeño, las instituciones educativas tienen el reto de descubrir qué motiva a su personal y despertar en ellos el deseo de contribuir a la razón de ser institucional.

Hay que recordar que lo que aplica para uno puede no aplicar para otro y que no todos los individuos se ven motivados de igual manera.

La persona y el rendimiento son dos pilares fundamentales para el logro de los objetivos planeados. El docente se integra a la planta laboral para intentar satisfacer sus necesidades particulares y en la medida en que las satisfaga crecerá su auténtico empeño en alcanzar la realización de la misión institucional. Para que la motivación del personal tenga éxito los intereses personales y organizacionales deberán coincidir.

Aspectos que promueven u obstaculizan la motivación del docente

Al hablar de la motivación del docente se considera obstáculo todo aquello que no permita que una persona se sienta bien con lo que está haciendo, sea cual sea la situación. La falta de afecto y reconocimiento o si las posibilidades de progreso profesional son imprevisibles propiciarán que los maestros se sientan desmotivados. Permitir una situación así traerá como consecuencia depresión, ansiedad y angustia en los individuos que conforman la institución (Espada 2005).

No existe una motivación general que constituya el prototipo ideal para todos. Cada individuo cuenta con razones internas diferentes que lo mueven a actuar. Una organización se encontrará en problemas si no lo considera de esta manera. Las diferencias individuales, las características de los puestos y las prácticas organizacionales repercuten en el grado de motivación personal. En la administración del personal y sus actividades es importante considerar la interacción entre estos factores y su influencia en el desempeño laboral de los docentes.

Cada individuo posee características únicas y diferentes. Las necesidades, valores, actitudes, intereses y aptitudes personales que cada uno aporta a su trabajo tienen diferente orientación y magnitud. La administración fomenta la motivación cuando pone atención en canalizar adecuadamente cada una de estas características. Sin embargo, cuando las ignora propicia la desmotivación de sus empleados.

También las características de los puestos que la institución ha diseñado promueven u obstaculizan la motivación del personal. Por ejemplo los aspectos del trabajo que delimitan la actuación, los retos, la variedad de habilidades necesarias para desarrollar el trabajo y la autonomía para su desempeño, entre otras. Si estos aspectos se encuentran presentes o son alcanzables, contribuyen a un ambiente motivante para el personal. Pero, si la actuación se ve coartada, los retos son inalcanzables y no se cuenta con las habilidades requeridas, se propiciará un ambiente desmotivador.

Los aspectos relativos a las prácticas organizacionales tales como reglas, políticas del personal, prácticas administrativas y sistemas de retribución de la organización tienen un alto impacto en la motivación de los empleados. Se estarán promoviendo ambientes que los motivan al logro cuando todos estos aspectos se encuentran alineados y consideran las características distintivas de los empleados de la institución como punto relevante para su diseño e implementación.

Estrategias para desarrollar la motivación

Las autoridades superiores de la institución tienen gran impacto en el desarrollo de la motivación en el docente. Motivar al empleado reditúa en una buena productividad. Las acciones de los jefes que impulsan a sus colaboradores para que diariamente trabajen bien y aporten lo mejor de ellos se ven reflejadas en el ambiente de trabajo de una organización.
Una dependencia puede promover muchos cursos, conferencias, seminarios o incentivos para motivar a los maestros, pero la efectividad de éstos radicará en qué tan adecuada sea esta decisión en función de satisfacer lo que requiere cada indivi-

duo. A fin de seleccionar las estrategias a implementar para que el personal se sienta motivado es conveniente que el encargado conozca y se informe acerca de las diversas teorías que especifican las variables personales correlacionadas con la motivación y que promueva que el docente, por su parte, tenga claramente planteados sus objetivos personales para reconocer qué es lo que lo mueve.

Algunas estrategias para desarrollar la motivación en el docente son:

- Permitir el uso de distintos métodos en el proceso enseñanza-aprendizaje. Si la institución apoya y promueve que el maestro varíe y combine sus métodos de enseñanza para que se mantenga motivado al implementar nuevas técnicas entonces, aún y cuando el programa sea el mismo, la manera de exponerlo puede hacer que lo perciba distinto.
- Establecer retos, desafiantes pero alcanzables, relacionados con el desarrollo y aprendizaje de sus alumnos.
- Otorgar reconocimiento, interés, elogio y aliento por lo que hace o implementa en cualquiera de sus ámbitos de acción, para propiciar un ambiente de trabajo motivante generado por relaciones interpersonales estimulantes, de aprecio a la reputación y autoestima del profesor.
- Brindar la oportunidad de colaborar o de tener responsabilidad no sólo por su cátedra, sino de otros desafíos que enfrenta la institución. Esto le dará la oportunidad de demostrar su destreza profesional y le servirá de plataforma para incrementar sus perspectivas profesionales.
- Buscar su crecimiento profesional a través de programas de formación superior a su escolaridad actual, de perfeccionamiento o de educación continua para actualizarse en su área.

Para contribuir a la motivación del docente hay que seguir un proceso planificado de crecimiento y mejora profesional que considere el estado actual en el que se encuentran sus conocimientos, actitudes, habilidades y aptitudes profesionales y lo compare contra el estado al que se desea llevar estos aspectos, a fin de determinar las brechas de desenvolvimiento en las que requiere trabajar para alcanzar sus metas y objetivos.

Medina (1998) considera que el desarrollo profesional constituye la construcción de la identidad profesional del docente y pretende el aumento de su satisfacción en el ejercicio de la profesión a través de una mayor comprensión y mejora de su competencia profesional. Por lo tanto, el desarrollo profesional no debe de contemplarse como algo aislado, sino en relación con su motivación y el impacto de su desempeño, en el rumbo que la institución educativa desea tomar respecto al alumnado, profesorado y sociedad en general.

Maestros opinan sobre la motivación

1. **¿Qué tan importante es la motivación del docente?**
   - Es muy importante. El docente que está motivado para enseñar a sus alumnos y, asimismo los motiva, les transmite actitudes positivas. El conocimiento lo puede transmitir de cualquier manera, pero si lo hace motivado hacia los alumnos es mejor.
   - Es muy importante porque cuando el maestro se encuentra motivado se convierte en una persona que realiza su trabajo con la suficiente energía que le impulsa a alcanzar las metas propuestas.
   - Es importante motivar al docente ya que con ello se ve beneficiado no sólo el propio docente sino también la institución y el alumno. Un docente motivado influye positivamente en el comportamiento de su entorno. Si tú estás bien, los demás también.
   - Considero que es muy importante que se motive al profesorado debido a que la motivación repercute en la forma en que éste se comporta, en el clima laboral y sobre todo en el alumnado.
   - Es muy importante motivar al docente para influir en un buen ambiente de trabajo sin problemas entre similares y/o administrativos y en la forma en la que se desenvuelve y realiza diariamente su trabajo.

2. **¿En qué impacta la motivación del docente?**
   - Creo que si un maestro se encuentra motivado los principales beneficiados serán sus alumnos ya que inconcientemente adquieren también la postura del maestro. Los docentes pueden trasmitir de manera inconciente a sus alumnos tanto aspectos positivos como negativos y un maestro desmotivado puede hacer mucho daño.
   - La motivación del docente se refleja en su propia clase. El alumno recibirá una cátedra motivante e inconcientemente obtiene mejoras en la calidad de aprendizaje y entendimiento.
   - Como en cualquier empleo, la gente motivada desempeña trabajo de calidad y la docencia no es la excepción. La motivación positiva de un maestro se ve reflejada en su clase y en la mayoría de los casos en las calificaciones de sus alumnos, quienes motivados facilitan su propio aprendizaje.
   - La motivación lo puede todo y es la vitamina o energizante que nos permite alcanzar los objetivos en cualquier punto. La motivación es pieza fundamental en la cultura de la organización. Es una forma de vitalizar a cada una de las personas que laboran en ella. Si la motivación falta, no existe energía suficiente para alcanzar los objetivos o se alcanzan sin entusiasmo.

3. **¿De quien es responsabilidad el desarrollo de la motivación del docente?**
   - La motivación la debe generar cada individuo dentro de sí mismo. La dependencia puede ayudar a desarrollarla y a encender esa chispa en los empleados.
   - La motivación en primer lugar se ve impulsada por la persona y después por lo laboral, por lo que desa-

rrollarla es primeramente responsabilidad del propio individuo y en segundo plano de la institución.
- Es responsabilidad de la administración y del propio docente porque un trabajador bien motivado rinde mejor en todas sus actividades laborales.
- El desarrollo de la motivación dependerá en gran parte de las autoridades superiores ya que ellos deben prestar atención a que el ambiente de trabajo sea equilibrado y atractivo para todos.

4. **¿Cómo considera que los docentes pueden desarrollar su capacidad para motivarse a sí mismos?**
    - A través de generar una actitud positiva hacia el trabajo y de plantear un buen objetivo que proporcione satisfacción tanto personal como grupal.
    - Si la motivación son impulsos que salen de ti mismo, entonces tú puedes desarrollarla al identificar cuáles son los disparadores de esos impulsos como docente y trabajar en ellos.
    - Se podría desarrollar la motivación a través de cursos, seminarios y conferencias donde se ayude al docente a desplegar su capacidad de auto motivarse.
    - Se puede desarrollar la capacidad del docente para que se motive a sí mismo haciéndole ver la importancia de no considerar como ataque personal los comentarios o sugerencias que se hagan a su trabajo, sino como un reto a superar.
    - La motivación se desarrolla al resolver problemas sólo o en grupo y al ayudar a los demás con los suyos. A veces nos sentimos más motivados por ayudar a los demás que por resolver nuestros propios problemas.

Motivación
Cuadro sinóptico resumen

Motivación	Definición	Procesos que dan cuenta de la intensidad, dirección y persistencia del esfuerzo por conseguir una meta.
	Objetivos	Permitir que los empleados realicen las actividades conducentes a satisfacer sus necesidades o deseos. Construir condiciones organizacionales alentadoras para que los empleados estén a gusto dentro de la institución y trabajen de manera efectiva. Promover e impulsar las labores eficaces y efectivas de un docente frente a sus alumnos.
	Importancia	La motivación del docente influye en el aprendizaje de sus alumnos. La motivación es un factor importante para logar un alto desempeño. En la medida en que el docente esté motivado crecerá su auténtico empeño en alcanzar la realización de la misión institucional.
	Lo promueven u obstaculizan	La promueven: poner atención en canalizar adecuadamente las necesidades, valores, actitudes, intereses y aptitudes personales de cada individuo; diseñar puestos retadores, con variedad de habilidades necesarias para desarrollar el trabajo y que posean autonomía para su desempeño y establecer reglas, políticas de personal, prácticas administrativas y sistemas de retribución alineados que consideren las características distintivas de los empleados. La obstaculizan: falta afecto y reconocimiento, posibilidades imprevisibles de progresar profesionalmente y falta de consideración de las motivaciones individuales del personal al diseñar los puestos o establecer prácticas organizacionales.
	Estrategias para promoverlo	Conocer e informarse acerca de las diversas teorías que especifican las necesidades personales que afectan en la motivación. Identificar qué es lo que mueve a cada empleado. Propiciar que los empleados tengan claramente planteados sus objetivos personales. Apoyar y promover que el maestro varíe y combine sus métodos de enseñanza. Establecer retos desafiantes pero alcanzables. Otorgar reconocimiento, interés, elogio y aliento por lo que el docente hace o implementa en cualquiera de sus ámbitos de acción. Brindar al docente la oportunidad de colaborar o de tener responsabilidad no sólo por su cátedra, sino de otros desafíos que enfrenta la institución. Asistencia a programas de formación superior a su escolaridad actual, de perfeccionamiento o de educación continua.

Actividades para desarrollar competencia en la motivación

Cambio en mi vida

Realice este pequeño ejercicio de reflexión para identificar lo que le motiva y apasiona en la vida:
1. Describa cuál sería su estilo de vida ideal.
2. Enliste las cosas que le gusta hacer y que le causan placer.
3. Describa qué es lo que le permite disfrutar verdaderamente de las cosas.
4. Mencione cuáles son sus cualidades y fortalezas.
5. Mencione cuáles cualidades y fortalezas no posee y le gustaría tener.
6. Señale con qué tipo de personas se siente mejor y qué los caracteriza.
7. Enliste las actividades que le restan energía o desea dejar de hacer.

8. Señale el tipo de personas que le restan energía o desea dejar de frecuentar.
9. Analice sus listas y contabilice cuánto tiempo dedica a las cosas que le llenan de energía y cuánto a las que se la quitan.
10. Describa qué actividades necesita o qué acciones debe tomar.
11. Elija una fecha para iniciar a invertir más tiempo en la lista de actividades y personas que le llenan de energía. Comience a desarrollar las cualidades y fortalezas que no posee o le gustaría tener y lleve a cabo las actividades o acciones que este cambio requiere.

Reportaje de motivaciones

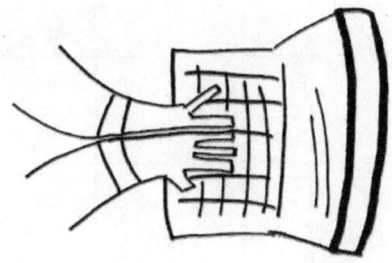

Seleccione tres o cuatro fotografías o dibujos que representen situaciones de la vida diaria en el trabajo y le llamen la atención. No se requiere que sean personas conocidas. Pueden seleccionarse de una revista o periódico.

Elija una fotografía o dibujo a la vez y redacte un reportaje corto pero suficientemente detallado e intenso como para describir lo que está ocurriendo en esa situación y los pensamientos y sentimientos de los personajes ahí presentes. Exprese qué está pasando, quiénes son las personas, qué les ha conducido a esa situación, qué es lo que ha sucedido en el pasado, en qué piensan, qué desean, qué sienten, qué sucederá en el futuro y qué van a hacer. Ponga un título al reportaje y a la fotografía.

Después de haber terminado todos los reportajes, deje pasar uno o dos días y vuelva a tomar las fotografías y los reportajes elaborados anteriormente. Escriba en el formato que se presenta a continuación las oraciones o frases significativas que correspondan a cada uno de los tipos de motivación que se señalan.

Motivador	Sentimientos (emociones)				Comportamientos (actos)			
Éxito (competencia)								
Afiliación (relaciones cercanas)								
Poder (acciones que afectan a otros)								

Compare las frases que se encontraron en las cuatro historias y la frecuencia con que se repiten expresiones que denotan los motivadores personales. Analice el tipo de motivación que más se enfatiza.

No existen motivadores erróneos, simplemente son diferentes gustos y preferencias personales.

Jerarquía de motivadores

Llene la forma que se presenta a continuación jerarquizando cada factor en función de su valor de relevancia. Asigne el 10 al aspecto que se considere que es de mayor importancia para mejorar su propia moral como empleado, 9 al siguiente y así sucesivamente hasta llevar al 1 que sería el de menor impacto en la mejora de su moral.

Factor a jerarquizar	Personal	Supervisor	Subordinado	Colateral
Salario elevado				
Seguridad en el trabajo				
Ascensos en la organización				
Buenas condiciones de trabajo				
Trabajo interesante				
Lealtad personal del supervisor				
Disciplina aplicada con discreción				
Aprecio por el trabajo realizado				
Ayuda con los problemas personales				
Participación en las actividades				

Solicite la opinión sobre lo mismo a su supervisor, subordinados, colaterales y otros compañeros de trabajo.

Analice los resultados de las diferentes jerarquías que se dan a los factores motivacionales. ¿Existen similitudes o diferencias? Compare los resultados obtenidos. ¿Qué le dicen estos descubrimientos acerca de lo que mueve a las personas en su organización?

Contribución institucional

Las instituciones educativas pueden contribuir a la motivación de su personal cuando promueven prácticas organizacionales tales como:

- Diseñar un sistema de incentivos atractivo y funcional de acuerdo a las motivaciones preferentes de sus empleados.
- Revisar el diseño de los puestos propiciando que el trabajo sea interesante, que promueva el aprendizaje continuo y que anime a la participación dándole un sentido y razón de ser a cada puesto dentro de la misión y visión global de la institución.
- Generar oportunidades de ascensos.

Creatividad

En los momentos de crisis, sólo la imaginación es más importante que el conocimiento.

Albert Einstein

Agua en el desierto

Había una vez dos hermanos que eran comerciantes. Uno de ellos era muy hábil para guiarse por las estrellas pero muy flojo para trabajar. El otro era observador y trabajador pero muy desorientado. Un día se encontraban de viaje a fin de vender sus artículos en otra ciudad. Para llegar a esa ciudad tenían que cruzar un gran desierto en el cual, como todos sabemos, durante el día hace mucho calor y por la noche hace mucho frío.

Antes de iniciar la travesía por el desierto el hermano trabajador le dijo al otro "es bueno que hagamos provisiones para el camino, ¿cuánto tiempo crees que nos tome cruzar este desierto?" A lo que su hermano contestó "como no es posible viajar durante el día lo haremos por la noche guiándome por las estrellas. Creo que nos llevará tres noches de viaje cruzar este lugar."

Se hicieron de provisiones y al llegar la noche, cuando la arena había enfriado, iniciaron su viaje. Un par de noches después el hermano que era guía en el desierto le comenta al otro "de acuerdo con las estrellas al amanecer estaremos en nuestro destino" A lo que su hermano contestó "qué bueno, porque sólo nos quedan provisiones para esta noche." Sin embargo, el hermano guía se confió porque ya era sólo la tercera parte del camino la que faltaba para llegar; se relajó y se quedó dormido. Entonces los animales que jalaban las carretas tomaron un rumbo diferente a su destino, adentrándose más en el desierto, sin que ninguno de los hermanos se diera cuenta.

A la mañana siguiente, para cuando los hermanos despertaron, se encontraban nuevamente en medio del desierto. La desesperación hizo presa de ellos debido a que no contaban con agua ni alimentos para completar su viaje y temían por sus vidas.

Entonces en un momento de lucidez el hermano observador y trabajador expresó "no ganamos nada con lamentarnos, será mejor que nos tranquilicemos para pensar más claramente." Pero su hermano no lo escuchaba, se quejaba continuamente y lloraba desesperanzado a la vez que decía "¡estamos perdidos! Sin agua no podremos sobrevivir para llegar a algún destino."

El hermano sensato razonó, "tengo que ser fuerte y pensar por mi hermano que se encuentra conmocionado." Entonces se sentó y comenzó a observar alrededor y trató de recordar todo lo que había aprendido sobre el desierto. Al atardecer caminó de un lado a otro y ¡Oh sorpresa! Tras un montículo había unas pequeñas plantas que sólo crecen cuando existe agua cerca. Llamó a su hermano y ambos empezaron a cavar.

Tan sólo pensar en encontrar agua y salvar sus vidas les animaba para continuar cavando. De tiempo en tiempo ponían sus orejas sobre el piso del pozo para escuchar algún sonido que fuera indicio de agua corriente, sin suerte alguna. Estaban casi desfallecidos por el esfuerzo puesto en su tarea y a punto de darse por vencidos cuando, al mover una roca que se atravesó en su camino, ¡surgió un manto de agua dulce!

Felices por tal acontecimiento, reabastecieron su provisión de agua, se bañaron y la dieron a beber a sus animales y se prepararon para continuar su camino. En esta ocasión tuvieron sumo cuidado de seguir las estrellas sin dormirse.

Moraleja: *Es fácil darse por vencido pero continúa intentando porque el que persevera alcanza.*

Creatividad

El contenido del término creatividad es muy extenso. Al hablar de creatividad hablamos de inteligencia, imaginación, habilidades, nuevos pensamientos y de hacer algo de forma diferente.

El proceso creador consiste en el conjunto de pasos sucesivos que se dan con el objetivo de generar pensamientos o ideas nuevas, novedosas o diferentes para desarrollar procesos, productos u objetos o para resolver problemas a través de utilizar la inteligencia, sensibilidad e imaginación.

Actualmente la competencia nos obliga a buscar la excelencia en el trabajo. Para un maestro es indispensable contar con aptitud para la creatividad, pues de ella se deriva la capacidad para concebir ideas que desarrollará en su labor.

Es importante hacer hincapié que es factible desarrollar la creatividad y que ésta no necesariamente se adquiere por naturaleza o genética (Kinicki y Kreitner, 2005). Para desarrollar la creatividad las instituciones educativas deben derribar los obstáculos provocados por las reglas establecidas y la carencia de estímulos, de valoración y de oportunidades de participación.

Importancia de la creatividad en el docente

Una de las principales riquezas de las organizaciones reside en los individuos creadores. Es necesario enfatizar que se puede mejorar o desarrollar la creatividad del personal si se administran con efectividad las cinco etapas subyacentes al proceso creativo: preparación, concentración, incubación, inspiración y la iluminación. Estas etapas indican los elementos o condiciones que deben prevalecer para que la creatividad suceda (Kinicki y Kreitner, 2005).

La creatividad es un indicador clave de las instituciones y pueblos con mayor influencia, señala Ardilla (1972). La educación, la naturaleza y la salud son valores con alta consideración social. La creatividad también es un valor educativo y un bien social. Esto quiere decir que la creatividad debe incluirse en el sistema educativo, ser considerada en la vida sociocultural y ser reconocida tanto en el desarrollo de las personas como en el de las organizaciones.

Según L. Rodríguez (2006) la creatividad es muy importante en toda organización puesto que ayuda a las personas a relajarse y estar receptivas a las oportunidades y una persona creativa es una persona productiva. El desarrollo de la creatividad en el docente ayuda a disminuir, si no es que a eliminar, la frustración o sentimiento de impotencia al que se enfrenta el maestro cuando posee los conocimientos y no es capaz de trasmitirlos adecuadamente. Le permite encontrar la mejor forma de divulgar los conocimientos a sus alumnos y mantener organizado su trabajo.

El maestro en la actualidad no debe de conformarse con el simple hecho de dar una clase informativa sino explorar la manera creativa para que el alumno capte, entienda y aplique el conocimiento que se le ofrece. Asimismo, el maestro debe buscar incrementar el interés del alumno en la cátedra que se le está impartiendo, capturar su atención para que, gracias a esto, haga suyo el conocimiento.

Aspectos que promueven u obstaculizan la creatividad en la labor del docente

La acelerada transformación de las tecnologías de la información y la educación, en la actualidad, han forzado el desarrollo de procedimientos más sofisticados para dar una clase. Udaondo (1992) señala que los docentes deben ser capaces de adaptarse a los cambios continuos de transformación y encontrar mejores maneras de enseñar. La creatividad es primordial para que sea sencillo para el maestro encontrar diferentes opciones que le permitan adecuarse continuamente a los cambios del mundo actual que es cada vez más complejo y que requiere de competencias más numerosas.

Debido a que el desarrollo de la informática está situando al docente ante un nuevo paradigma tecnológico de la enseñanza, las instituciones educativas se enfrentan con la necesidad de actualizar las capacidades de los maestros para utilizar estas nuevas metodologías y aprovecharlas para incrementar el interés y atención del alumno.

El docente puede demostrar su creatividad en la forma en que:

- diseña y utiliza material didáctico diferente y atractivo en la cátedra que le corresponde,
- explica su materia,
- recurre a ejemplos novedosos e interesantes,
- maneja los ejercicios en forma de juegos,
- propicia que el alumno vea de forma práctica lo discutido en forma teórica, y
- busca que le encuentre una verdadera aplicación en su vida cotidiana.

El docente tiene que investigar día a día métodos más eficaces para aplicarlos en la enseñanza del alumno. Administrativamente debe examinar formas fáciles y rápidas que le permitan tener en orden los registros.

Cuando el docente se encuentra dotado de rasgos básicos relacionados con la creatividad cuenta con una personalidad sumamente atractiva pues tiene aptitud para ver problemas y valorar situaciones, posee afluencia mental y flexibilidad en su pensamiento, demuestra originalidad, habilidad de redefinición, capacidad de elaboración y posee talento para sintetizar y analizar.

Según Guzmán (2002) existen tres diferentes bloqueos que inhiben la creatividad: (a) socioculturales, (b) emocionales y (c) perceptuales. La sociedad moldea la vida de los individuos al determinar lo que es bueno y lo que es malo. El bloqueo emocional se genera por las tensiones en la vida cotidiana producto de la discrepancia entre el sentir o deseo interior del individuo y las reglas de conducta dictadas por la sociedad. En lo que a bloqueos perceptuales o cognoscitivos se refiere, éstos obedecen a que no se perciben los problemas o no se observa con atención qué anda mal en una situación.

El desarrollo de la creatividad depende mucho del estado psicológico de las personas y de su auto estima. La educación rígida impide la expresión de los sentimientos y demanda el seguimiento indiscutible de las reglas. Como consecuencia de estos obstáculos a la creatividad el individuo se retrae, se considera a sí mismo inadecuado e incapaz, se menosprecia y decide no hacer el intento.

Las instituciones educativas deben derribar los obstáculos a la creatividad provocados por las reglas establecidas y por la carencia de estímulos, de valoración y de oportunidades de participación mediante la generación de esquemas menos dogmáticos y rígidos en la actividad cotidiana del docente.

Las técnicas creativas favorecen la habilidad y la ideación. Sin embargo, la actitud creativa se genera en climas humanos emotivos. Por lo tanto, para desarrollar la creatividad es necesario generar un medio ambiente propicio.

Las instituciones educativas deben ser capaces de generar un ambiente adecuado para la actividad creadora. Algunas de las medidas para este fin son:

- hacer que los docentes y alumnos trabajen en tareas de gran alcance,
- ayudar al personal a encontrarse a sí mismo,
- animar a los empleados a que sean originales,
- impulsar que todos busquen y salgan de lo común, y
- establecer mecanismos para aprender de los fracasos.

Estrategias para desarrollar la creatividad

Algunas personas son creativas por naturaleza o por herencia, para otras la situación no es así. Es posible desarrollar la competencia de creatividad a través de un proceso estructurado que permita que ésta no se estanque o inhiba de alguna manera. Existe un camino en la producción creativa que podemos analizar si revisamos las etapas del proceso creativo (preparación, concentración, incubación, inspiración y la iluminación) propuestas por Kinicki y Kreitner (2005).

Para aplicar las etapas del proceso de creatividad hay que propiciar que los docentes adquieran los conocimientos relacionados con aquello que se desea crear. No se inicia de la nada. La creatividad no surge por generación espontánea (Ardilla, 1972). Hay que investigar y acumular entendimiento, adquirir en forma general, el conjunto de habilidades y técnicas elementales.

El desarrollo de la capacidad de concentración de los maestros hace posible observar debidamente el problema o asunto que se intenta resolver. Se trata de una fase analítica en la cual se usan las capacidades mentales.

Es conveniente permitir a los maestros que dispongan de tiempo para la incubación de las ideas que hayan concebido, que dejen asentar la información que poseen y reflexionen sobre asociaciones con la misma para que, con la intervención de la intuición, se inspiren y surjan ideas de solución a los planteamientos iniciales.

La verificación o validación de la efectividad de las ideas permitirá a las instituciones modificarlas o adaptarlas, en caso de ser necesario, compartir las mejores prácticas o reconocer a quienes realicen contribuciones sobresalientes.

Tanto la institución como el propio docente son copartícipes en el desarrollo e incremento de la creatividad. Por un lado el docente debe contar con disposición y por otro la institución debe de proporcionar apoyo y recursos. Puesto que lo que funciona para uno no necesariamente funciona para todos, cada persona tiene su propio enfoque para echar a andar su creatividad. Para propiciar la creatividad es necesario conocerse bien y utilizar diferentes técnicas.

Algunas técnicas para el incremento de la creatividad son:
- La sinéctica o correlación de ideas. El planteamiento de una idea puede dar lugar a que surjan otras por asociación de elementos dispares y aparentemente irrelevantes.
- La libertad de expresión. Proporcionar seguridad a la persona para que no tenga miedo de expresarse.
- La lluvia de ideas. Generar la mayor cantidad de ideas posibles sin juzgar su viabilidad, en forma inicial, para posteriormente analizarlas y jerarquizarlas.
- La cuota de ideas. Donde cada individuo tenga como meta exponer una determinada cantidad de formas para realizar más creativamente su trabajo.
- La instalación de las aulas interactivas. Uso de computadoras y nuevas herramientas tecnológicas, como los pizarrones interactivos, en el proceso de enseñanza.
- La constante capacitación del docente relacionada con la creatividad y con su campo de experiencia. Para que

esté al día en el conocimiento y se actualice tecnológicamente.
- Los concursos, proyectos y eventos. Distintas actividades que involucran la necesidad de ser creativos.

Acerca de las estrategias en las organizaciones, Spyros (1993) dice que los empleados deben de experimentar lo que es el fracaso en sus labores y ser aptos para percibir los cambios que se dan en el entorno a fin de ser capaces de determinar cuáles actividades y labores les permitirán ser exitosos. Una institución sienta las bases de una conducta creativa cuando proporciona cierto grado de libertad para fallar y los mecanismos conducentes para aprender de los errores.

Maestros opinan sobre la creatividad

1. **¿Qué tan importante es la creatividad en el docente?**
   - Pienso que es muy importante. En la actualidad no basta con impartir clase de manera informativa sino que debemos utilizar nuestra creatividad para encontrar nuevas formas para que el alumno capte y entienda a la vez que aumente su interés en la cátedra.
   - Es muy importante ya que gracias a la creatividad del maestro para llamar la atención de los alumnos es que éstos aceptan y capitalizan el conocimiento que se les imparte.
   - Entre más creativos seamos nuestra clase será más dinámica y menos aburrida. En estos tiempos, con tantos adelantos, el docente necesita echar mano de su creatividad para no rezagarse.
   - Considero que la creatividad debe ser parte del trabajo docente para que pueda darse un aprendizaje significativo en el alumno.
   - La creatividad es una parte importante de una clase ya que sirve para idear cómo motivar a los alumnos y para que la clase no resulte monótona para el alumno ni para el maestro.

2. **¿Cuáles son las consecuencias de ser o no ser docentes creativos?**
   - La falta de creatividad produce frustración en el maestro porque aún si cuenta con los conocimientos,

no encuentra la forma de trasmitirlos adecuadamente.
- Al maestro que le falta creatividad lo embargan sentimientos de impotencia e insatisfacción. Las consecuencias pueden ser muy malas. Si no se siente satisfecho con lo que realiza se puede ver incluso en la necesidad de abandonar su trabajo.
- Si el maestro es creativo tiene el poder de mejorar los resultados de sus clases mientras que, si no lo es, sería incapaz de concebir nuevas formas de impartirlas.

3. ¿En qué forma el maestro puede demostrar su creatividad?
    - El maestro creativo utiliza el material didáctico de forma que el alumno ponga en práctica la teoría y encuentre su aplicación en la vida diaria.
    - El maestro creativo diseñará el material didáctico de acuerdo a la cátedra que imparta y los objetivos de aprendizaje que desea alcanzar.
    - El docente puede demostrar su creatividad en la forma en que explica su materia, utiliza ejemplos novedosos e interesantes o pone los ejercicios en forma de juegos como crucigramas o loterías.
    - El docente demuestra su creatividad cuando imparte su clase y cuando diseña tanto su plan de clase como las asignaciones de aprendizaje, las tareas y los proyectos.
    - Un maestro muestra su creatividad en su manera de enseñar, desde el tema de su clase hasta el material que utiliza para interactuar con el estudiante.

4. ¿A través de qué actividades considera que se puede desarrollar la creatividad en el docente?
    - Considero que los cursos de capacitación en general y por academias para cada una de las distintas materias

así como los cursos y talleres para distintas actividades son recursos importantes para el desarrollo de la creatividad en el docente.
- Creo que es de gran importancia que las instituciones educativas estén a la vanguardia con respecto a la actualización del personal y el desarrollo de su creatividad a través de distintas actividades tales como buzones de sugerencias de mejora, concursos de innovación y organización de congresos.
- Pienso que para el desarrollo de la creatividad son convenientes los seminarios de temas como la expresión corporal, las dinámicas, los grupos de trabajo, los collages, las tormentas de ideas y la motivación.
- Sólo se pueden emprender actividades creativas bien enfocadas si se conoce suficientemente un tema. Cuando existe en el maestro el deseo de preparar su clase correctamente, busca información relacionada con el tema y diferentes alternativas para prepararla.
- El docente desarrolla su creatividad al incorporar cambios en su manera de impartir clases, al tomar cursos y mejorar sus procesos. Adicionalmente desarrollará su creatividad por necesidad al enfrentarse con problemas desconocidos y tratar de encontrar soluciones adecuadas.
- Pienso que la creatividad del docente se desarrolla a medida que se va enfrentando a nuevos retos.
- Considero que la tecnología de vanguardia, como las aulas interactivas, es una buena herramienta para hacer fluir la creatividad.

5. **¿Quién es responsable del desarrollo de la creatividad en el docente?**
   - Considero que la responsabilidad para desarrollarla depende de uno mismo como docente ya que la ma-

nera de hacerlo dependerá de la información, el conocimiento, la práctica y la actitud con que contemos. Pero también es responsabilidad de la administración en lo que se refiere a la capacitación y al suministro de todas las herramientas necesarias para llevarla a cabo.
- La responsabilidad del desarrollo de la creatividad depende tanto del personal como de la administración porque las personas desean sentirse mejor con su trabajo y las instituciones desean sobresalir de otras.
- En esta época una organización debe de actualizar a su personal continuamente. Proporcionar capacitación corresponde a la organización para que su personal esté a la vanguardia y con mayor nivel de productividad que la competencia.
- Considero que el desarrollo de esta competencia es primeramente responsabilidad del docente y en segundo término de la dependencia. La dependencia debe dar el apoyo financiero, moral y de tiempo requeridos para que se desarrolle dicha competencia.
- Es responsabilidad de la dependencia por dos razones, una es por la formación de los docentes y otra porque la administración necesita que sus maestros puedan aportar ese tipo de competencias.

Creatividad
Cuadro sinóptico resumen

Creatividad	**Definición**	Pasos sucesivos que se dan con el objetivo de generar pensamientos o ideas nuevas, novedosas o diferentes para desarrollar productos, procesos u objetos, o para resolver problemas, a través de utilizar la inteligencia, sensibilidad e imaginación.
	Objetivos	Hacer el trabajo de la mejor forma posible. Proporcionar una gran fuente de ideas a desarrollar en la labor del docente.
	Importancia	Es un indicador clave de las instituciones y pueblos con mayor influencia. Ayuda a las personas a relajarse y estar receptivas a las oportunidades. Ayuda a disminuir, si no es que a eliminar, la frustración o sentimiento de impotencia al que se enfrenta el maestro cuando posee los conocimientos y no es capaz de trasmitirlos adecuadamente. Permite encontrar la mejor forma de divulgar los conocimientos a sus alumnos y mantener organizado su trabajo.
	La promueven u obstaculizan	La promueven: la acelerada transformación de la tecnología de la información y la educación, el reto de encontrar mejores maneras de enseñar, contar con un estado psicológico y auto estima saludables, la valoración y oportunidades de participación y el clima humano emotivo y propicio para que los docentes y alumnos trabajen en tareas de gran alcance, sean originales, salgan de lo común y aprendan de los fracasos. La obstaculizan: falta de actualización del docente para utilizar las nuevas metodologías de la informática en la educación, bloqueos socioculturales, emocionales y perceptuales, esquemas dogmáticos y rígidos en la actividad cotidiana del docente.
	Estrategias para promoverla	Propiciar que los docentes adquieran los conocimientos relacionados con lo que se desea crear. Investigar y acumular entendimiento. Desarrollar la concentración de los maestros. Permitirles que dispongan de tiempo para la incubación de las ideas que se hayan concebido. Propiciar: la sinéctica o asociación de ideas, que no tengan miedo de expresarse, la lluvia de ideas, la cuota de ideas, el uso de aulas interactivas, la constante capacitación y concursos, proyectos y eventos. Establecer mecanismos para aprender de los fracasos.

Actividades para desarrollar competencia en la creatividad

Lluvia de ideas creativas

Elija cualquier objeto que se encuentre dentro de su espacio visual y escriba todos los usos posibles para ese objeto que se le ocurran en un lapso de dos minutos. No evalúe ni juzgue la viabilidad de las ideas, pueden ser ideas completamente locas. El objetivo es la sensibilidad hacia lo novedoso y diferente.

Una vez que se termine la lista, revísela. Haga el propósito de generar el doble de la cantidad de ideas de la lista anterior dentro de un lapso de dos minutos.

Revise la nueva lista. Observe cómo en esta ocasión se le ocurrieron ideas más novedosas y diferentes.

Realice este ejercicio periódicamente.

Preguntas creativas

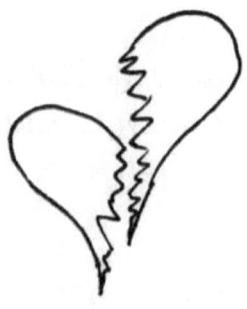

Elija una situación determinada a la que se desee buscar otros caminos. Haga preguntas estimulantes al respecto, como por ejemplo: ¿Cómo se hace actualmente? ¿De qué otras formas podría hacerse? ¿Cómo se haría en lo futuro? ¿De qué otras formas podría hacerse en el futuro? ¿Podrían combinarse operaciones? ¿Podrían hacerse en serie algunas fases del proceso? ¿Cómo se hace en otros lados?

Puede hacer esta dinámica solo o con un grupo de compañeros que compartan el mismo objetivo. Realice tantas preguntas como considere conveniente para generar alternativas de solución innovadoras.

Poemas creativos

Escriba de 6 a 8 palabras que correspondan a cada una de las siguientes clasificaciones: verbo, adverbio, nombre, pronombre, adjetivo, artículo, conjunción, preposición, infinitivo y gerundio

Elabore en el menor tiempo posible la composición de un poema que cumpla con las siguientes condiciones:

a) Considere un tema determinado.
b) Utilice solamente las palabras que se hayan listado en las clasificaciones anteriormente mencionadas aunque puede cambiarlas en tiempo y en número, y
c) Utilice cuando menos un 80% de las palabras listadas.

Contribución institucional

Las instituciones educativas, a través de sus prácticas organizacionales, pueden promover el desarrollo de la creatividad en su personal. Algunas actividades que las instituciones pueden emprender para contribuir a este fin son:
- Organizar grupos de solución de problemas.
- Desarrollar reuniones para compartir las mejores prácticas e ideas.
- Nombrar mentores para instar a la innovación y creatividad.

Visión Sistémica

El que posee las nociones más exactas sobre las causas de las cosas y es capaz de dar perfecta cuenta de ellas en su enseñanza, es más sabio que todos los demás en cualquier otra ciencia.

Aristóteles

El maestro carpintero y los duendes

Hubo una vez un maestro carpintero que era reconocido por las bellas piezas que fabricaba. Cuando le preguntaban cuál era su secreto para realizar su trabajo, él simplemente contestaba "son secretos de la familia que han pasado de generación en generación."

Nadie conocía los secretos de este maestro carpintero que sabía conjuros mágicos que le permitían convertir la madera en lo que él imaginara con sólo tocarla. Sin embargo, por cada conjuro que realizaba tenía que dar la mitad de su ganancia a unos duendes que aparecían después de que el carpintero recibía el pago por el trabajo.

Un día mandaron llamar al maestro carpintero desde otra ciudad para que fuera a elaborar varios trabajos en un palacio. Él no quería salir de viaje porque su esposa se encontraba gravemente enferma, pero necesitaba el dinero para poder curarla. Llegó al palacio y le dijo al rey que le haría los trabajos pero que por favor sólo le entregara una pequeña cantidad en efectivo a él y que el resto se lo pagara a través del envío de médicos y medicinas para curar a su esposa.

Cuando terminó los trabajos tan sólo tenía una pequeña cantidad de dinero para repartir con los duendes cuando aparecieron a solicitar su parte. El maestro carpintero no sabía que los duendes tenían el poder de leer las mentes ni conocía los crueles castigos que éstos inflingían en aquellos que osaban engañarlos.

"Te advertimos que no caigas en la tentación de tratar de engañarnos", dijeron los duendes al carpintero. Aún así, el carpintero se sentía seguro de que no había forma que los duendes se dieran cuenta de sus tratos y les dijo "esto es todo lo que he recibido, tomen la parte que les corresponde."

"Muy bien" dijeron los duendes, "sí así lo deseas. Esta tarde todo lo hecho estará deshecho." El maestro carpintero se arrodilló ante los duendes y les suplicó que por favor tuvieran compasión de su situación "mi esposa está muy grave, si todo queda deshecho no podrá salvarse."

"¿Qué no entiendes el impacto de tus actos y de tus palabras?" le dijeron los duendes. "Todo tiene consecuencias. Es sólo cuestión de darte cuenta cómo lo que dices y haces afecta a otros." El maestro carpintero continuó suplicando "si es verdad que todo tiene consecuencias por favor permitan que mi arrepentimiento genere compasión en ustedes y que, al deshacer todo lo hecho, también se deshaga la situación que dio origen a mi actitud."

Esa tarde, los duendes devolvieron el tiempo hasta antes de que el rey llamara al carpintero. Como su esposa seguía enferma, el carpintero desesperado invocó a los duendes y les dijo "la enfermedad de mi esposa era la causa que dio origen a mi actitud, ¿por qué no ha sanado?" A lo que los duendes contestaron "te equivocas. La enfermedad de tu mujer no es la causa real de tu actitud, es sólo un medio para que se manifiesten las causas verdaderas que son tu egoísmo y tu deseo de no estar solo sin tener quien te atienda. Esas causas verdaderas sí han desaparecido."

El rey llama de nuevo al carpintero y éste va a su castillo para realizar los trabajos. Sin embargo, esta vez desprovisto de egoísmo, el maestro solicita un precio justo a cambio del trabajo. Una vez que recibió su pago y llegaron los duendes a solicitar su parte, el carpintero les dijo "pueden quedarse con todo pues con la parte que me corresponde no alcanzo a pagar la salud de mi mujer. Mejor será que me vaya para atenderla apropiadamente yo mismo."

Cuando el maestro carpintero llegó a su hogar, ¿cuál no sería su sorpresa? ¡Su esposa estaba saludable y feliz! Ese había sido el regalo de los duendes a su honestidad.

Moraleja: *Cuando no se tiene conciencia de lo que se dice o hace todo lo que sucede en consecuencia nos sorprende*

Visión sistémica

El enfoque de sistemas comprende todo aquello que forma parte de un sistema (la institución y su entorno) y lo que aporta para que dicho sistema se desarrolle de manera coordinada e integral. Asimismo, señala que el entorno en que se encuentra inmersa una organización contiene los recursos que serán aprovechados y acomodados de acuerdo a las necesidades propias del sistema.

La visión sistémica "ayuda a ver el todo, a apreciar sus interacciones, la energía presente y a descubrir sus características distintivas, aquellas que son propias del conjunto y que no existen en las partes" (Bravo, 1992, p. 152). Cada uno de los elementos del sistema total posee los objetivos específicos que le corresponde lograr y contempla la forma en que se interconectan dichos objetivos con los del resto de los elementos del sistema para alcanzar la misión de la organización total.

"La interdependencia no es sólo una característica de los sistemas a escala mundial. Se puede observar también a escala nacional y local. Los jóvenes se pueden familiarizar con este concepto estudiando la interdependencia de los papeles en una familia, en una escuela, entre los trabajadores de una misma empresa, en una comunidad local y entre las regiones de un mismo país" (UNICEF, 2002). En el enfoque de sistemas es fundamental que cada nivel de la organización lleve a cabo lo que le corresponde, sin excepción, y que aprecie el impacto que sus acciones tendrán en el resto de los niveles a causa de su interdependencia.

Importancia de la visión sistémica del docente

Si todos los docentes entendieran que trabajan para el mismo objetivo de formar alumnos de manera integral que sean capaces de actuar adecuadamente en su entorno familiar, social y laboral, entonces asumirían su responsabilidad para no solamente impartir conocimientos sino también formar en el estudiante una serie de valores que deben contemplar una visión más amplia del sistema total; una visión que contemple la interdependencia de las personas y los fenómenos.

Para formar alumnos con una visión sistémica es importante contar con una perspectiva del todo. Es primordial que los maestros trabajen coordinadamente, eviten protagonismos y cuenten con una visión global de los objetivos que llevarán al desarrollo armónico del alumno.

Los maestros de una institución son interdependientes por lo que es necesario que haya buena comunicación y coordinación de esfuerzos entre ellos para el trabajo que harán. La institución debe ofrecer un ambiente educativo donde los diferentes comportamientos del docente contribuyan a su buen funcionamiento. La interdependencia entre el personal docente de una institución obliga a cada uno de sus miembros a tener los conocimientos necesarios que aportará al área y a aceptar que la carencia de una visión sistémica traerá consecuencias negativas tanto para si mismo como para la institución.

Todos los sistemas administrativos deben alinearse a fin de que el docente reciba una formación que lo conduzca a abandonar la visión específica de su área por una global e integral. Cuando los maestros tienen un interés que va más allá de sus materias, aceptan el cambio y adoptan actitudes altruistas y progresistas y ayudan al crecimiento de la organización a la que pertenecen.

El éxito de una institución está relacionado con la capacidad que su personal docente tenga para la toma de decisiones que contemplen la interdependencia de todas las áreas. La falta de una visión sistémica producirá efectos inadecuados que recaerán en el alumnado y finalmente en la sociedad.

Para sobrevivir y sacar adelante a los alumnos las instituciones educativas y los maestros deberán aprender varias lecciones:

- que las personas que persiguen fines comunes, no individualistas, resuelven mejor los problemas,
- que además de satisfacer las propias necesidades, mediante los recursos personales, se necesita la intervención del resto de los integrantes del sistema para desarrollar las actividades completamente, y
- que toda acción tendrá consecuencias y éstas afectarán a los demás en mayor o menor grado.

Aspectos que promueven u obstaculizan una visión sistémica en el docente

Cuando una institución no tiene éxito es evidente que algo está fallando. Sabemos que el personal no cuenta con una visión sistémica cuando no se logran los objetivos generales planteados y cuando sus miembros no trabajan de manera integral y coordinada. El grado de comunicación y colaboración entre el personal de la institución obstaculiza o facilita la visión de sus actividades bajo la perspectiva de un todo.

La visión sistémica de un docente se refleja en su organización personal, en la consideración que ofrece a los demás y en las alternativas de las que hecha mano cuando toma decisiones. La visión sistémica afecta también su concepción de metas y objetivos dentro del área que le corresponde en relación al sistema total. Si el maestro tiene la sensibilidad para anticipar la repercusión de sus decisiones y actividades en otros, las decisiones que tome impactarán positivamente a la organización.

El maestro muestra su visión sistémica en la manera de impartir su clase pues con ella se manifiesta si considera o no la forma en que ésta se interconecta con el resto de las materias o si se trata solamente de una cátedra rutinaria y aislada. Todos los subsistemas deben de trabajar en armonía para lograr el aprendizaje tanto colectivo como individual.

Cuando existe visión sistémica en las interacciones del personal se incrementa el grado de colaboración como resultado del entendimiento y de la empatía. También afecta la concepción de metas y objetivos del maestro dentro del área que le corresponde en relación a las de la organización en general. Los docentes que trabajan en conjunto tienen mayor oportunidad de aplicar una visión sistémica en el salón de clases, en comparación con la enseñanza impartida por otros docentes.

La competencia de una visión sistémica en el docente ayudará al buen desempeño escolar de sus educandos. El maestro que posee una visión sistémica se interesa por el comportamiento escolar del alumno, por su aprovechamiento y sus deberes porque sabe de antemano que toda dificultad que el alumno enfrente afectará su aprendizaje.

La finalidad de formar buenos estudiantes hace muy importante que el maestro esté motivado y dispuesto a apreciar la contribución de cada uno de los integrantes de la institución.

No basta con decir "hay un encargado que atiende todos estos problemas." No basta con avisar a quien corresponda. Hay que ver hasta dónde se puede o se está dispuesto a ayudar al alumno, porque si éste se desempeña pobremente afecta tanto a los maestros como a la institución. En pocas palabras, afecta al sistema total.

Al entender que el sistema es un todo, evitamos caer en el error de pensar que la respuesta de cada individuo al proceso enseñanza-aprendizaje no afecta al rendimiento general del grupo. La percepción del impacto que el enfoque del docente tiene en el aprovechamiento individual y global lo impulsa a procurar una aplicación efectiva de la visión sistémica en el salón de clase.

El docente que es competente en la adopción de una visión sistémica genera un ambiente de trabajo agradable y un desempeño superior en el logro de las metas planteadas. El docente que es competente conoce la forma en que los problemas, dentro y fuera del aula, pueden afectar otras áreas de la institución y actúa para enfrentarlos porque comprende que, debido a la interdependencia, esos problemas pueden llevar al éxito o fracaso de la institución.

Estrategias para desarrollar la visión sistémica

Son pocas las instituciones que han implementado alguna estrategia para hacer que todo el personal que colabora en ellas tenga una visión sistémica y reconozca que si no hace bien lo que le corresponde perjudicará a otras áreas o a otras personas.

Las principales razones por las que el docente carece de una visión sistémica son el desconocimiento y la falta de retroalimentación acerca de las consecuencias de lo que dice y hace tanto en él mismo como en quienes lo rodean. El maestro debe estar conciente que la carencia de una visión sistémica repercutirá en su trabajo y en sus resultados.

Primeramente hay que mostrar al docente que se encuentra inmerso en un ambiente del cual es parte fundamental y que, al mismo tiempo, tiene correspondencia con otras áreas. El maestro que reconoce la forma en que sus procesos se relacionan con los de los demás cumple adecuadamente con sus responsabilidades para afectar positivamente la conexión que existe entre los organismos.

La institución debe de educar a todo el personal sobre la importancia de compartir información, de comunicarse efectivamente y, en el caso de una escuela, de la manera en que en grupo pueden enfrentar retos individuales y comunes que surgen de las demandas de una sociedad cada vez más interesada en el conocimiento.

Las instituciones educativas que fortalecen el desarrollo de una visión sistémica en su personal evitarán que suceda algo parecido a lo que pasa con el cuerpo humano en el que si un órgano falla o no funciona de manera correcta lo más probable es que dañe a otro y éste, a su vez, a otro más y así sucesivamente. Las instituciones deben aplicar medidas preventivas para evitar que el órgano que se infectó o dañó primero continúe dañando a todos los demás porque no fue atendido oportunamente.

El encargado de la institución tendrá la gran misión de generar conciencia hacia una visión sistémica en el personal para después comenzar a trabajar en los métodos que aseguren que cada quien haga lo que le corresponde y lo que se espera que haga dentro del contexto del todo. La implementación de los sistemas de calidad en las instituciones educativas contribuye a que la organización observe sus procesos con una visión sistémica y a que cada persona se haga responsable de lo que hace.

En la actualidad, y para el futuro, el desarrollo de la ética profesional es fundamental para que el docente aplique activamente una visión sistémica en su trabajo, porque al desarrollarla, tendrá objetivos en común y porque sentirá una responsabilidad moral hacia los demás maestros, hacia los alumnos, la institución y la sociedad.

Maestros opinan sobre la visión sistémica

1. **¿Qué tan importante es la capacidad de visión sistémica en el docente?**
   - La considero muy importante para el docente y más aún para las autoridades administrativas pues con ella tienen la visión global del conjunto y la diversidad de personalidades.
   - Es muy importante ver la organización como un todo. Eso permite considerar que dentro de ese todo existen diferentes comportamientos que deben de ser tomados en cuenta. Contar con una visión sistémica ofrece una cultura donde los diferentes comportamientos individuales pueden trabajar juntos por el bien de la organización.
   - La visión sistémica proporciona visión global de la carrera. Si no tenemos una visión sistémica en nuestra materia no vamos a resolver los problemas de la mejor manera posible.

2. **¿Cómo piensa que se da la interdependencia en la labor del docente?**
   - La interdependencia más representativa en la labor del docente es la que existe entre el maestro y el alumno. Los alumnos necesitan de nosotros los docentes, pero sin alumnos no habría docentes. La dependencia entre docentes y alumnos es mutua. No sólo los alum-

nos aprenden sino también nosotros aprendemos de ellos, sobre todo con las nuevas tecnologías.
- La interdependencia se da en forma natural al considerar los variados elementos que se encuentran presentes en las labores cotidianas, ya sea la interdependencia con un proceso, los alumnos o la tecnología.
- La interdependencia se da en todos los aspectos que conforman la labor del docente. Depende de e impacta en: sus compañeros docentes y administradores, sus alumnos, padres de familia y comunidad, entre otros.
- Los docentes son interdependientes porque pertenecen a un sistema. En la labor docente a veces sucede que una materia tiene relación con otra y se necesita que un maestro explique un tema en su materia para que el de la propia sea entendido. También la forma en que se llevan a cabo ciertos procesos administrativos impactan en el comportamiento de los alumnos.

3. **¿Cómo se haría evidente que el docente cuenta con una visión sistémica?**
    - El docente demuestra que posee una visión sistémica al aceptar la diversidad de su micro mundo en el salón de clases y al tener presente la forma en que ese micro mundo interactúa con el macro mundo.
    - La situación ante la cual el docente tiene mayor oportunidad de evidenciar su visión sistémica es en el salón de clases donde todos los subsistemas deben de trabajar en conjunto para lograr el aprendizaje colectivo al mismo tiempo que cada individuo logra su propio desarrollo.
    - Que el docente tenga desarrollada la visión sistémica ayudará al buen desempeño escolar de sus alumnos pues les proporcionará un ambiente de trabajo bien

estructurado y coordinado tanto con el resto de la planta docente como con el área administrativa.
- La visión sistémica en el docente se hace evidente en su habilidad para impartir clase pues cuenta con la posibilidad de exponer una perspectiva enriquecida acerca de la forma en que su materia se relaciona con otras. La visión sistémica sirve para dominar y proyectar mejor un tema.

4. **¿Cuáles son las consecuencias de no poseer una visión sistémica?**
   - Una de las consecuencias de que el docente no cuente con una visión sistémica es la discriminación en el aula. Aquél que no entiende que dentro del sistema, que es un todo, existe una amplia diversidad, caerá en el error de querer que todos los individuos se comporten igual y rechazará a aquellos que tengan un comportamiento diferente. El docente debe tener la capacidad de atender a las necesidades personales de cada alumno a la vez que maneja su grupo de clases como un sistema.
   - Quien no cuente con esta competencia actuará deficientemente en la planeación y enseñanza de su cátedra, lo que resultará en un aprendizaje pobre y un rendimiento escolar insuficiente. La carencia de una visión sistémica por parte del maestro reduce la oportunidad de rendimiento del alumno. Si el maestro carece de la habilidad para planear su clase con enfoque sistémico, no hay objetivos integrados y no hay buenos alumnos.

5. **¿A través de qué actividades considera que se puede desarrollar la visión sistémica en el docente?**
   - La visión sistémica en el maestro se desarrolla a través de la capacitación enfocada a la reflexión, la toleran-

cia y la toma de decisiones justas y de propiciar una adecuada comunicación e interacción entre ellos.

- La capacitación es importante para que el personal docente pueda desarrollar la competencia de una visión sistémica. La capacitación para dirigir un grupo con una perspectiva global es una de las mejores herramientas necesarias para el maestro quien, además, comprenderá la necesidad de prepararse para exponer una clase. Un maestro sin visión sistémica se vuelve menos competitivo y a través de la capacitación puede encontrar cómo enriquecer sus métodos de enseñanza.
- La visión sistémica del maestro se desarrolla con la preparación. La mayoría de los maestros siguen con sus métodos tradicionalistas de enseñanza y formas limitadas de responder a los requerimientos de la razón de ser de la institución y lo que hace falta para tener una visión global es observar cómo la superación y actualización propia impactará en los objetivos planteados tanto en forma personal como institucional.
- Para el buen desarrollo de la visión sistémica el maestro y la organización deben trabajar en conjunto para elevar el nivel de competitividad de ambos. El docente tiene que buscar diariamente la manera de hacer más práctica y más eficiente su labor y la institución tiene que implementar mecanismos que permitan al docente contar con información válida y oportuna del sistema total.
- El maestro desarrolla su visión sistémica cuando su trabajo incluye buscar la forma de interrelacionar sus funciones con las del resto del personal de la institución y con las de los alumnos para generar ideas nuevas en la educación, dejar atrás la educación tra-

dicional y cambiar a la renovadora, para lograr que el alumno no se conforme con lo que se le muestra sino que sea crítico, avive su interés por conocer el impacto que cada una de las materias e incluso los trámites administrativos tienen en su vida en general.

Visión sistémica
Cuadro sinóptico resumen

Visión Sistémica	Definición	La visión sistémica ayuda a ver el todo, a apreciar sus interacciones, la energía presente y a descubrir sus características distintivas, aquellas que son propias del conjunto y que no existen en las partes.
	Objetivos	Que cada nivel de la organización lleve a cabo lo que le corresponde sin excepción y que aprecie el impacto que sus acciones tendrán en el resto de los niveles a causa de su interdependencia.
	Importancia	Visión más amplia del sistema total, una visión que contemple la interdependencia de las personas y los fenómenos. Permite al docente abandonar la visión específica de su área por una global e integral. Sobrevivir como institución y sacar adelante a los alumnos.
	La promueven u obstaculizan	La promueven: la buena comunicación y colaboración entre el personal, la concepción de metas y objetivos propios en relación al sistema total, la colaboración entre los docentes y el interés por el comportamiento escolar del alumno. La obstaculizan: no trabajar de manera integral y coordinada, falta de sensibilidad hacia el impacto de las decisiones y actividades en los demás y pensar que la forma en que cada uno de los individuos actúa no afecta o no impacta en el grupo total.
	Estrategias para promoverla	Llamar la atención del docente hacia las consecuencias de cómo lo que dice y hace impacta en él mismo y en quienes lo rodean. Educar a todo el personal sobre la importancia de compartir información, de comunicarse efectivamente y de lo agradable que es ayudar para en grupo enfrentar retos individuales y comunes. Verificar que cada quien haga lo que le corresponde y se espera que haga. Desarrollar una ética profesional para que el docente aplique activamente una visión sistémica en su trabajo.

Actividades para desarrollar competencia en la visión sistémica

Análisis de interdependencia

Elija una situación determinada en la que esté experimentando problemas. A través de un análisis de eventos interdependientes relacionados con esa situación, encuentre las causas y enlaces que la provocan.

Identifique los factores o causas principales; aquéllos elementos que de una forma u otra impactan en los resultados o problemas que se están experimentando. Se pueden utilizar los elementos clásicos de Ishikawa que son aquellos relacionados con el método o forma de hacer las cosas, las herramientas o maquinaria con que se están haciendo las cosas, los materiales que se utilizan y las personas involucradas.

Analice cada elemento por separado y trate de localizar los factores o causas que están contribuyendo a que ese elemento se desempeñe de esa manera. Por ejemplo: en el método, ¿Se hacen las cosas de esta manera debido a los procedimientos establecidos? ¿Se puede cambiar la forma de hacer las cosas o no?

Una vez que haya terminado este análisis reflexione sobre la importancia y coherencia de la información que obtuvo y aporte los argumentos pertinentes para obtener conclusiones sobre las causas que están provocando el problema y su probable solución.

CREATIVIDAD CON VISIÓN SISTÉMICA

Al tratar de implementar algo nuevo o resolver un problema o situación actual, genere una serie de alternativas que contemplen los efectos que tendrán sobre otras situaciones, personas o departamentos.

Elabore una lista con respuesta a las siguientes preguntas:

- ¿Qué pasa si no se hace nada? ¿Qué situaciones, personas o departamentos se verán afectados? ¿Cómo se verán afectados?
- ¿Qué pasa si se sustituye esto por esto otro? ¿Qué situaciones, personas o departamentos se verán afectados? ¿Cómo se verán afectados?
- ¿Qué pasa si se combina esto con esto otro? ¿Qué situaciones, personas o departamentos se verán afectados? ¿Cómo se verán afectados?
- ¿Qué pasa si se adapta esto de la siguiente forma? ¿Qué situaciones, personas o departamentos se verán afectados? ¿Cómo se verán afectados?
- ¿Qué pasa si se modifica esto de la siguiente forma? ¿Qué situaciones, personas o departamentos se verán afectados? ¿Cómo se verán afectados?
- ¿Qué pasa si en lugar de utilizarlo para esto o de esta manera se utiliza para esto otro o de esta otra manera?

¿Qué situaciones, personas o departamentos se verán afectados? ¿Cómo se verán afectados?
- ¿Qué pasa si se hace de diferente manera? ¿Qué situaciones, personas o departamentos se verán afectados? ¿Cómo se verán afectados?

Sopa de letras

Localice las palabras de la siguiente lista. Estas se pueden encontrar en forma horizontal, vertical o diagonal y en ambos sentidos.

1. INTERDEPENDENCIA	8. IMPACTO	15. SUCESIVA
2. SISTEMA	9. RELACION	16. RED
3. VISION	10. AFECTADO	17. FORMAR
4. CAUSA	11. CONCIENCIA	18. SUBSISTEMA
5. EFECTO	12. COLABORA	19. COLECTIVO
6. ENFOQUE	13. RESPONSABLE	20. RELACIÓN
7. COORDINADA	14. META	

```
Z S A A M E T S I S B U S R A
C O L E C T I V O E O U W F C
U E L B A S N O P S E R D O K
I R A H A N T N Q L W A O R S
N V S F R I R X I O U R N M E
T O N K E R M E U B D O O A S
E N I K E C B A O I H B I R A
R A P S T F T H N J E A C M V
D G A U I A M A I A M L A O I
E H E R A V D D D K Y O L N S
P D E Y S A K Y A O T C E F E
E D O G O A I M P A C T O K C
N U D S C N O I C A L E R A U
D E K D B A T E M T F U C N S
E U A S U A C E N A T Q O S F
N R U D K A T L T E I O T E L
C D V A Q S P E M S R F L T D
I M S P I D M T A H D N O S I
A E D S O W I D H A R E A T L
V Q A I C N E I C N O C R A N
```

Solución: Página 265

Contribución institucional

El desarrollo de la visión sistémica se promueve en el personal de las instituciones educativas a través de prácticas organizacionales tales como:
- Reunir al personal que colaboró en algún proyecto o evento y analizar las lecciones aprendidas: ¿qué se hizo bien? ¿qué se hizo mal? ¿qué puede mejorarse para la siguiente vez?
- Elaborar diagramas de flujo de actividades o procesos que incluyan las funciones y nombres de los diversos integrantes.
- Elaborar mapas de interdependencia de las diferentes asignaturas y objetivos de aprendizaje.

Coordinación de acciones

El amor es un problema de coordinación. De nada sirve encontrar a la persona correcta en el momento equivocado.

Wong Kar-Wa

El joven generoso

En una cierta ocasión, un joven que pasaba por la calle observó a un anciano que se encontraba recogiendo las ramas y hojas que un fuerte viento había arrojado sobre su enorme jardín.
Este joven era muy inteligente y además de ser una persona bondadosa y generosa, le gustaba pensar antes de actuar. "¿Cuál es la mejor forma de ayudar a este abuelito?" pensó. "¡Ah ya se!" dijo. Se dirigió al parque en donde jugaban varios niños y les ofreció unos dulces que traía en su bolsillo a cambio de colaborar en la colecta de leña y hojas del jardín del anciano. "¡Claro que sí!" exclamaron contentos los niños y corrieron a ayudar.
El abuelito quedó muy agradecido con el joven y ofreció pagarle por su ayuda, pero el muchacho no aceptó pago alguno. Entonces el anciano dijo "en cualquier ocasión que necesites flores con gusto te las regalaré de mi jardín, pues las cultivo para vender."
Cuando transportaba las ramas y hojas para tirarlas en un lugar apropiado, se encontró con un alfarero quien le preguntó "¿en cuánto me vendes esas ramas? Las necesito para encender el horno y cocinar mis piezas." "Oh, no. No es nada. Con mucho gusto se las obsequio", contestó el muchacho. "Muchas gracias", dijo el alfarero. "Si algún día necesitas piezas de cerámica con gusto te las regalaré, pues yo las fabrico."
El joven continuó caminando hasta llegar al muelle. Le encantaba ver cómo zarpaban los barcos y el ir y venir de los

marineros. Ahí se percató que el capitán de uno de los barcos recibía acaloradas quejas de un grupo de personas. Siempre con el afán de ayudar, se acercó un poco y se dio cuenta que las personas, quienes llevaban varios meses en altamar, deseaban bajar a tierra. Pero el capitán no aceptaba porque no había alguien que conociera esa ciudad y pudiera guiarlos a fin de que regresaran a tiempo para partir al atardecer.

"Disculpe capitán", dijo el joven. "Con mucho placer yo podría llevar al grupo a pasear por el pueblo e incluso puedo llevarlos a que compren vasijas y flores de la localidad. Estarán de regreso antes de que su barco zarpe de nuevo." El capitán, feliz de poder salir del apuro, aceptó que este joven guiara al grupo por el lugar.

Al atardecer, cuando regresaron al muelle, las personas del grupo estaban tan contentas que gratificaron generosamente al muchacho. El capitán que también estaba muy agradecido le dijo "muchas gracias por tu ayuda. Cada mes vengo a este puerto y si regresas a ayudarme con los grupos que traiga te pagaré una comisión." Y con un apretón de manos sellaron el acuerdo.

El joven pensó que ésta era una fabulosa oportunidad para que el pueblo se viera beneficiado con la gente que visitaba el muelle. Diseñó recorridos variados, contrató personas que le ayudaran e hizo convenios con los comerciantes de la localidad para llevar a los turistas a sus comercios. Su negocio floreció tanto que se convirtió en la persona más rica del lugar.

Moraleja: *Con disponibilidad y capacidad, gran riqueza se obtiene al unir esfuerzos.*

Coordinación de acciones

La coordinación de acciones surge por la necesidad de tomar en cuenta las actividades de otras personas para lograr un fin. Tiene como objetivo principal mejorar la actuación conjunta de un grupo mediante la articulación del trabajo individual de los integrantes.

De acuerdo con J. Rodríguez, la coordinación de acciones "es el proceso de establecer y mantener la sincronización entre las actividades de las diversas unidades orgánicas, en medio de condiciones internas y externas cambiantes a fin de alcanzar objetivos organizacionales" (2003, p. 413).

J. Rodríguez agrega que "coordinar en sentido vertical quiere decir actuar de manera que los distintos niveles no vayan en desacuerdo ni se alejen de los objetivos, de las actividades y de las políticas del organismo en su conjunto. Coordinar en sentido horizontal quiere decir sincronizar todas las actividades de las distintas unidades en las que el organismo se divide, tanto entre sí como con las actividades y las políticas generales del organismo social" (2003, p. 597).

Coordinar implica intercambiar información, experiencias, enfoques o programas entre las partes de un todo y funciona vertical y horizontalmente para asegurar el rumbo armónico y sincronizado de todas las partes.

Importancia de la coordinación de acciones del docente

La buena coordinación siempre va a contribuir a que las personas trabajen en forma armónica. El impacto positivo de que los docentes estén coordinados se refleja, por ejemplo, en evitar duplicar materiales de los temas a exponer, en utilizar ejemplos diversos y en asignar proyectos o actividades diferentes.

Se apreciará fluidez y correlación entre las diversas asignaturas y variedad y originalidad en la transmisión de los conocimientos por la simple razón de que la planta docente se coordine para planear la cátedra. Si el grupo docente no está bien coordinado, el maestro se verá afectado en forma negativa debido a la falta de información y a la desarticulación de los temas, reflejará un nivel profesional deficiente y dejará una mala imagen de su desempeño.

La integración, enlace e interdependencia de los elementos de una misma área o de distintos departamentos es necesaria para realizar en conjunto las tareas compartidas. Cuando un grupo está integrado cada persona actúa a través de los esfuerzos requeridos en el momento adecuado, en el lugar justo, con la intensidad que se requiere y se asegura de que sus actividades estén sincronizadas con las de las demás personas.

Es de suma importancia que todo docente planifique las acciones a seguir para el logro de sus objetivos. Todo maestro necesita proponerse formas específicas de hacer las cosas, establecer a dónde se dirige y especificar qué es lo que requiere hacer para lograrlo.

El trabajo en sí es la base de la coordinación y, ya que dentro de toda institución educativa existen tareas desempeñadas por cada uno de los sujetos que la comprende, debe realizarse de una manera ordenada y en conjunto. Estas tareas se convierten en un conjunto de esfuerzos que, aunque muy distintos entre sí, deben ir enfocados hacia un solo objetivo común.

La coordinación es una de las funciones básicas de la administración en cualquier institución y es indispensable identificarla con cada uno de los elementos que intervienen en el proceso administrativo: planeación, organización, dirección y control.

La planeación es el elemento principal en la coordinación de acciones ya que es una tarea dirigida a prever la forma de sincronizar y armonizar las actividades entre sí en función de las metas y objetivos establecidos, las actividades, los medios y las personas involucradas para alcanzarlos.

Para que exista una organización no basta con un conjunto de personas. Ni siquiera es suficiente que todas ellas tengan un propósito común. Lo verdaderamente decisivo es que esas personas se organicen y coordinen su actividad, dirijan la acción conjunta hacia el logro de los resultados y que, aunque sea por razones diferentes, todas ellas estimen qué es lo que les interesa alcanzar.

Es importante seguir una secuencia. Sin embargo, también es importante saber improvisar ya que, aún cuando se haya planeado la actividad muy bien, pueden surgir situaciones externas a las que hay que saber enfrentar.

La coordinación, planeación o programación de actividades es trascendental para que la labor del docente sea buena. El logro de las metas y objetivos de la institución depende del buen desempeño del maestro. El docente debe evaluar si dichas metas y objetivos son suficientemente claros y le indican con certeza el camino que debe tomar para obtener la información que le permita reaccionar ante situaciones imprevistas sin perder el rumbo y que, al mismo tiempo le permita dar seguimiento, medir y evaluar el avance.

Aspectos que promueven u obstaculizan la coordinación efectiva de acciones del docente

Algunos de los posibles obstáculos que se presentan ante la coordinación de acciones son:

- la falta de habilidad en la coordinación de las actividades, es decir, que no se coordina u organiza el evento o la actividad de manera adecuada,
- los imprevistos como amenazas incontrolables externas al individuo o problemas nuevos que distraen la atención,
- la necesidad de más tiempo de lo previsto,
- la falta de recursos o herramientas necesarios para la realización de las acciones,
- las fallas en los sistemas de información, y
- la falta de preparación del personal.

Las instituciones educativas ven interrumpidas sus actividades con frecuencia debido a diferentes factores como cambios en el calendario oficial, falta de apoyo del jefe, a causa del reglamento, carga administrativa excesiva, conflictos entre los miembros del equipo docente, carencia de metas para el grupo, sentimientos negativos y falta de solidaridad entre las personas. Para que se pueda dar una mejor coordinación, es decir que se lleven a cabo acciones programadas, es necesaria la adecuada selección de tareas, de estrategias metodológicas y de una cercana colaboración de los profesores.

El docente debe capacitarse para organizar y disponer las actividades en su clase y para decidir lo que será de mayor utilidad a sus alumnos. Aún y cuando cada maestro tiene un estilo propio de planeación deberá coordinar sus actividades con el resto de la planta docente por lo que también debe de capacitarse en ello.

Los docentes deben de tener la autoridad suficiente para ordenar que las cosas se realicen a fin de coordinar con efectividad sus actividades. Aunque la autoridad no puede asegurar que un maestro tenga la capacidad para coordinar distintos esfuerzos humanos, ésta es necesaria e importante como primer paso.

Es importante que alguien esté encargado de la coordinación de las actividades de un conjunto de personas o de grupos ya que éstos no dirigirán sus esfuerzos automáticamente a la realización efectiva de los objetivos principales de una organización. Por lo tanto, le corresponde a quien funja como coordinador influenciar y motivar a las personas o grupos para el logro de los objetivos propuestos.

Estrategias para desarrollar la coordinación de acciones

La coordinación de acciones, ya se trate de personal docente o administrativo, requiere de ciertas estrategias como las que se mencionan a continuación:

- funcionar como enlace entre las acciones emprendidas por cada integrante asegurándose de que se cumplan en tiempo y guarden una relación armoniosa con todos los demás,
- asegurar la actuación eficaz de cada uno de los integrantes prestándole atención a sus inquietudes o dudas y explicándole la relación que guarda cada función, tarea o actividad con las del resto del grupo, o en forma global con la institución,
- elaborar un programa de actividades con fechas y designación de responsables,
- definir periodos de seguimiento a los compromisos y al programa,
- realizar ajustes al programa de trabajo cuando esto sea necesario debido a cambios o dificultades,
- establecer mecanismos de comunicación que permitan al personal contar con información clara y veraz de lo que sucede en toda la organización y cómo es que le afecta directa o indirectamente,
- mantener una actitud crítica e inquisitiva sobre el desempeño de las actividades,
- prevenir las consecuencias de los malos hábitos de los integrantes tales como trabajo lento, incumplimiento en fechas o errores de desempeño para que sean corregidos,

- colaborar a la creación y mantenimiento de un espíritu de trabajo en equipo, respeto, amabilidad y colaboración,
- mantener informado al superior sobre el programa de trabajo, los avances, obstáculos encontrados y recursos necesarios para sobreponerse a ellos,
- estar alerta a las fricciones entre el personal para implementar mecanismos que devuelvan la armonía y colaboración,
- establecer normas razonables que sean compartidas por todos los individuos y que propicien trabajar en un ambiente seguro, agradable y amistoso, y
- sobre todo, poner el ejemplo a los demás.

Para que la coordinación de acciones se dé satisfactoriamente es necesario tomar en cuenta los puntos mencionados anteriormente ya que garantizan el buen funcionamiento de la institución.

Para comenzar, hay que organizarse para elaborar un plan en el cual se incluyan las actividades futuras, de preferencia por escrito.

En segundo lugar, se recomienda trabajar en equipo cuando las actividades sean iguales o similares y tomar las decisiones en grupo acerca de los planes, objetivos, programas y normas de actuación.

En tercer lugar, la institución debe asegurar el abastecimiento de los recursos necesarios para que se puedan llevar a cabo las acciones. En el ambiente de trabajo este es un punto crucial que afecta el grado de tensión a la que se expone al personal.

Finalmente, es necesario dar seguimiento a las actividades establecidas en el plan y controlarlo para el logro de objetivos.

El coordinador facilitará su labor si lee acerca de la coordinación y, de ser posible, asiste a cursos, talleres o diplomados acerca del tema. La necesidad actual de las instituciones educativas requiere que el maestro esté mejor preparado para que sea más eficaz y exitoso.

Maestros opinan sobre la coordinación de acciones

1. **¿Qué tan buen coordinador considera que debe ser un docente?**
   - El maestro debe ser un buen coordinador tanto de los temas que conforman su cátedra, como de las diversas tareas que se relacionan con otros maestros y con la administración de la institución, porque de esto dependerá el entendimiento de la materia por parte de sus alumnos, las interacciones armoniosas de su materia con otras y el cumplimiento oportuno de requerimientos administrativos e institucionales.
   - El docente tiene que ser muy buen coordinador porque debe saber relacionar las actividades de su materia de manera que tenga sentido. Debe saber interrelacionar la parte teórica con la parte práctica y exponer correctamente la interconexión que hay entre las dos.
   - Considero que la buena coordinación de actividades es importante para que un docente cuente con una dinámica de clase que sea interesante y cuyo ritmo lleve a contar con la atención del grupo.
   - Creo que al trabajar en el área docente es muy importante saber coordinar las actividades para que redunden en una formación integral. Por ejemplo si empezamos por proporcionar información especia-

lizada y terminamos con conocimientos básicos, el alumno no logrará el aprendizaje, necesitamos coordinar bien la estructura de la información para que la enseñanza sea exitosa.
- Debe ser muy buen coordinador porque el maestro que sabe coordinar bien los conocimientos de su cátedra tiene la habilidad de discernir entre el aprendizaje teórico y práctico, entre lo que debe enseñar primero y después y entre conocimientos complejos y sencillos, entre otras.

2. **¿Cuáles son los aspectos que facilitan u obstaculizan la coordinación de actividades por el docente?**
    - Los aspectos que facilitan la coordinación por el docente son su conocimiento sobre los temas que va a desarrollar y la planeación de actividades que debe de aplicar para llegar a una mejor comprensión del tema a tratar. Un maestro que sólo actualiza sus conocimientos de la materia sin hacerlo en la implementación de actividades que pongan en contexto los conocimientos no logrará los resultados deseados. Asimismo, el realizar actividades sin un fundamento en conocimientos resultará en conclusiones superficiales y bajo aprendizaje.
    - Algunos aspectos que facilitan la coordinación por el docente son el ser ordenado, tener poder de convocatoria y tener carisma.
    - El docente debe contar con los recursos humanos, materiales, económicos y de tiempo que requiere para una buena coordinación de sus actividades.
    - El obstáculo se presenta cuando el maestro no tiene una idea clara de lo que va a coordinar o cuando no sabe manejar un grupo.

3. **¿A través de qué actividades considera que se puede desarrollar la capacidad de coordinar acciones en el docente?**
   - El docente desarrolla esta competencia tomando cursos, diplomados y talleres.
   - El docente desarrolla su habilidad para coordinar a través de obtener información acerca de planeación, objetivos y demás temas relacionados con su actividad.
   - Los docentes se beneficiarían si los maestros de más antigüedad les transmitieran sus conocimientos.
   - El docente desarrolla esta competencia cuando se la da la oportunidad de trabajar en los actos administrativos, es decir, en la concatenación de todas las operaciones. El maestro desarrollará su capacidad de coordinación cuando lleve a cabo acciones que deben realizarse de manera ordenada y en conjunto.
   - El maestro desarrollará su habilidad de coordinación con programas de enseñanza-aprendizaje, con material de instrucción, con metodologías de investigación y consultorías.
   - A través de promover la creación de un circuito de comunicación con el resto del personal docente de su misma área.

4. **¿Quién es responsable del desarrollo de la capacidad del docente para coordinar acciones?**
   - El desarrollo de esta habilidad es responsabilidad del mismo docente ya que es el directamente interesado y debe preocuparse por tener las habilidades adecuadas para un mejor desempeño. Claro que la institución debe apoyar en todo lo que se pueda a los maestros para que desarrollen esta habilidad.

- La responsabilidad del desarrollo de esta habilidad depende tanto del docente como del jefe de dirección porque juntos forman un equipo de trabajo.
- Es responsabilidad del docente desarrollar su habilidad para coordinar acciones. Sin embargo, la dependencia debe estar al tanto de proporcionarle las herramientas necesarias para su desarrollo y la orientación necesaria.
- La responsabilidad de desarrollar la habilidad para coordinar acciones en el docente es del jefe de dirección ya que es el responsable de que los objetivos institucionales se cumplan y esto dependerá de la capacidad de su personal para coordinar sus propias actividades y lograr sus propios objetivos.

Coordinación de acciones
Cuadro sinóptico resumen

Coordinación de Acciones	Definición	Es el proceso de establecer y mantener la sincronización entre las actividades de las diversas unidades orgánicas, en medio de condiciones internas y externas cambiantes a fin de alcanzar los objetivos organizacionales.
	Objetivos	Tomar en cuenta las actividades de otras personas para lograr un fin. Mejora en la actuación conjunta de grupo mediante la articulación del trabajo individual de los integrantes.
	Importancia	Contribuir a que las personas trabajen en forma armónica. Realizar el trabajo de una manera ordenada y en conjunto. Sincronizar y armonizar las actividades entre sí en función de las metas y objetivos establecidos.
	La promueven u obstaculizan	La promueven: la adecuada selección de tareas, estrategias metodológicas y una cercana colaboración de los profesores, tener la autoridad adecuada, influenciar y motivar a las personas o grupos para el logro de los objetivos propuestos y una capacitación continua. La obstaculizan: falta de habilidad en la coordinación de las actividades, imprevistos que distraen la atención, necesidad de más tiempo de lo previsto, falta de recursos o herramientas necesarios, fallas en los sistemas de información y falta de preparación del personal.
	Estrategias para promoverla	Prestar atención a cada uno de los integrantes y explicar la relación que guarda cada uno con todos los demás. Funcionar como enlace entre los integrantes. Establecer mecanismos de comunicación de información clara y veraz. Mantener una actitud crítica e inquisitiva sobre el desempeño de las actividades. Prevenir las consecuencias de los malos hábitos de los integrantes. Elaborar un programa de actividades con fechas y designación de responsables. Definir periodos de seguimiento a los compromisos y al programa. Colaborar a la creación y mantenimiento de un espíritu de trabajo en equipo, respeto, amabilidad y colaboración. Mantener informado al superior sobre el programa de trabajo. Realizar ajustes al programa de trabajo cuando esto sea necesario. Estar alerta a las fricciones entre el personal. Establecer normas razonables compartidas por todos los individuos. Poner el ejemplo a los demás.

ACTIVIDADES PARA DESARROLLAR COMPETENCIA EN LA COORDINACIÓN DE ACCIONES

ENFOQUE DE LA ATENCIÓN

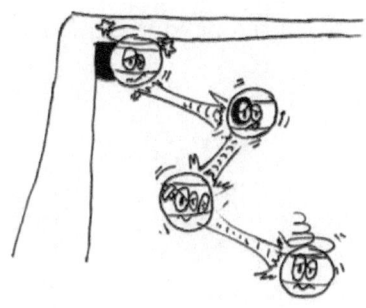

Diariamente usted toma decisiones que impactan sensiblemente las situaciones que vive debido a la dirección hacia la que enfoca su atención.

En 15 minutos, llene la siguiente tabla de información:

Actividad	Persona o área con la que me Coordiné	
	Lo incluí	Faltó de incluir

Una vez terminada, conteste las siguientes preguntas:

1. ¿Se incluyeron todas las personas o áreas que se afectan con la decisión?
2. ¿Qué otras personas o áreas hubieran podido contribuir a un mejor resultado?
3. ¿Se prestó atención a la relación que cada proceso, tarea o actividad guarda con los demás al momento de analizar las alternativas para tomar la decisión?
4. ¿Se prestó atención a que cada proceso, tarea o actividad encajara debidamente con otras para que funcionara armoniosamente al momento de analizar las alternativas para tomar la decisión?
5. ¿Qué aprende usted de todo esto?

Visualización

Busque un lugar tranquilo, asegúrese de usar ropa cómoda y seguir los siguientes pasos:

1) Respiración profunda.
2) Relajar el cuerpo.
3) Aquietar la mente.
4) Análisis.

1) Respiración profunda

Sentado cómodamente, trate de mantener la espalda recta y relajada, inhale profundamente (distendiendo el abdomen) y exhale con fuerza en tres ocasiones. Al inhalar imagine que se respira quietud y al exhalar imagine que sale toda tensión y cansancio del día.

La atención debe conservarse en la respiración. Trate de mantener un ritmo uniforme y tranquilo. Repita 21 veces de esta manera.

2) Relajar el cuerpo

Recorra mentalmente su cuerpo y trate de relajar concientemente cualquier parte que se encuentre tensa. Si tiene dificultad para relajarse, empiece por tensar y relajar cada parte del cuerpo, inicie por los dedos de los pies y termine por la cara y la cabeza.

3) Aquietar la mente

Imagine que está en su lugar favorito y que su mente es un apacible lago. Cualquier pensamiento lo puede perturbar y provocará movimiento en su superficie por lo que a cualquier pensamiento o recuerdo se le permite que llegue, que pase y que se vaya amablemente. Mantenga esta actitud por unos minutos.

4) Visualizar

Imagine que el director de la institución para la que trabaja ha llamado a una reunión de la academia. El señala que es momento de realizar cambios en la currícula y que usted es la persona indicada para coordinar las actividades conducentes, que tienen un lapso de un mes para trabajar en ello de tiempo completo y aprovechar así las vacaciones de los alumnos y que deben de iniciar de inmediato.

¿Qué es lo primero que hace? ¿Hacia quién se dirige? ¿Con quién habla? ¿Sobre qué habla? ¿Están involucradas todas las personas afectadas por ese cambio? ¿Qué información recopila de su jefe? ¿Cómo se asegura que el resultado cumpla con las expectativas? ¿Cuáles son los principales problemas que pueden surgir?

Al terminar la visualización, reflexione sobre la importancia de efectuar una buena planeación de la coordinación de todos los elementos requeridos para realizar un proyecto o actividad.

Bajo sospecha

Solucione el siguiente ejercicio.

Cinco sospechosos andan por las calles de la ciudad. Una cantidad de agentes van tras sus pasos:

¿Sospechosos de qué? ¿Cómo identificarlos? ¿Cuántos guardias de la ley los siguen? Eso es lo que debe averiguar.

1. Roberto luce orgulloso su generosa melena.
2. Nacho es sospechoso de robo.
3. El sospechoso de rasgo delgado es seguido por 40 agentes, Jesús, en cambio, por 50.
4. Hay el doble de agentes que siguen al calvo con respecto a los que siguen al sospechoso de chantaje que no es castaño.
5. El sospechoso de espionaje es alto y no es Manolo. A éste último lo siguen 20 agentes más que los que siguen al sospechoso de encubrimiento.

SOSPECHOSO	DE	RASGO	SEGUIDO POR

Solución: Página 266

Contribución institucional

La coordinación de acciones es una competencia que las instituciones educativas pueden desarrollar en su personal a través de promover prácticas organizacionales tales como:
- Formar equipos para que trabajen en algún proyecto o evento para el cual se les solicite que, antes de tomar cualquier acción al respecto, presenten un plan de coordinación de actividades en el que se especifiquen los impactos de las diversas acciones futuras en las personas, áreas o funciones relacionadas directa o indirectamente con el proyecto o evento.
- Elaborar listas de verificación para aquellas actividades o funciones en las que se considere crítico una buena coordinación de acciones.
- Solicitar al personal que prepare un festival de parodias ya sea para celebrar el fin de cursos o el fin de año. En estas parodias deberán tratarse todos los incidentes de los que pueda aprenderse una lección, dándoles una aproximación divertida y humorista.

Trabajo en equipo

El compañerismo y la confianza surgen de forma natural cuando se respetan la disciplina y los buenos valores.

Tao Zhu Gong

Los peces y el pescador

Había una vez un pescador que era conocido por ser hábil para atrapar peces del arrecife con la red. Este pescador cambiaba su lugar de pesca, siempre en busca de un mejor cardume, hasta que una ocasión encontró un punto que consideraba "el paraíso de los pescadores".

En el sector del arrecife al que había llegado el pescador vivía un sabio pez que era considerado el líder del lugar. Éste se dio cuenta que frecuentemente llegaba el pescador, arrojaba su red y se llevaba a sus compañeros. Entonces pensó en reunir a todos los habitantes del arrecife y plantearles la situación.

"Este pescador se ha convertido en una amenaza para nuestra comunidad", les dijo, "continuamente captura a nuestros semejantes en la red que arroja. Es tiempo de que pensemos de qué forma podemos darle una lección." "¡Bien dicho!" Gritaron a coro los peces que se encontraban en el lugar. "¿Qué sugieres que hagamos?"

El sabio pez continuó diciendo, "antes que otra cosa suceda, vamos a reunirnos de acuerdo a la característica que nos distinga por ser la cualidad o fortaleza más grande que tengamos." De esta manera se reunieron todos los peces que tenían dientes filosos, aquellos que arrojaban veneno, otros que eran excelentes nadadores, otros que poseían luz propia, los pequeños y los ágiles. Una vez que estaban agrupados de esta manera el pez sabio les dijo: "Vamos a organizarnos en pequeños grupos de combate, no más de diez integrantes en cada grupo.

Para eso, requerimos que cada uno de los integrantes posea diferente habilidad."

Reunidos en pequeños grupos de individuos con habilidades que se complementaban unas con otras para defenderse del pescador, nadaron más confiados de poder salir exitosos.

Al siguiente día, el pescador llegó al lugar y lanzó sus redes como de costumbre. Cuando los peces se sintieron atrapados supieron que era el momento de poner en práctica sus habilidades. Los peces con luz iluminaron la red, los de dientes filosos la rompieron, los de gran peso hacían las roturas más grandes, los pequeños y los ágiles salieron primero y llamaron a otros equipos para que vinieran a ayudar a salvar a los que seguían atrapados. El pescador sacó su red rota y ¡completamente vacía!

Lo mismo ocurrió al día siguiente y así durante una semana. Por lo que el pescador se pasaba gran parte del día reparando su red, lo cual le hacía perder su valioso tiempo de pesca y regresaba a su casa con las manos vacías.

El pescador al fin reconoció que el cardume había sido más inteligente que él y cambió de lugar de pesca. Entendió que ese hermoso "paraíso del pescador" no era para él.

Lo que el pescador no sabía es que el sabio líder de ese paraíso envió a un equipo representativo del arrecife a compartir su exitosa práctica en todos los confines del mar.

Moraleja: *Existe seguridad en trabajar unidos y éxito en conjuntar habilidades complementarias.*

Trabajo en equipo

El trabajo en equipo, en la actualidad, es un término muy utilizado en todas las organizaciones. Sin embargo, cuando se analiza debidamente el funcionamiento de los "equipos de trabajo" sale a relucir que no es trabajo en equipo lo que se está haciendo sino una recopilación de trabajos individuales de un grupo de personas, y eso explica los resultados que se obtienen y la decepción de algunas organizaciones y personas que opinan que el trabajo en equipo no funciona.

Para que exista trabajo en equipo deben de cumplirse condiciones específicas en la estructura del equipo y, además, sus integrantes deben contar con competencias que se complementen entre sí para lograr exitosamente lo que se proponen.

En cuanto a su estructura, el equipo debe de estar integrado por un número pequeño de personas (menor a diez) con roles complementarios, con una meta u objetivo común y con mecanismos de comunicación y retroalimentación (Katzenbach y Smith 1996).

En cuanto a sus competencias, los miembros del equipo deben ser capaces de comprometerse con su éxito personal y con el éxito de sus compañeros en el logro de la meta propuesta, de resolver problemas interpersonales, de ser tanto líderes como seguidores, de integrarse a sus compañeros de equipo, de confiar y ser dignos de confianza y de coordinarse efectivamente (Katzenbach y Smith 1996).

El trabajo en equipo no es solamente trabajar con otras personas. Se refiere al trabajo integral de cada uno de los miembros del equipo para el cumplimiento de una meta u objetivo común de una forma integrada. Asimismo, se refiere al trabajo hecho por individuos, formalmente comprometidos con su trabajo y con sus compañeros, que sienten satisfacción de pertenecer al equipo y también por el logro de sus metas.

Importancia del trabajo en equipo del docente

Hellriegel y Jackson señalan que la importancia de los equipos de trabajo radica en su mayor capacidad para solucionar los conflictos y los problemas que surgen en cada una de las organizaciones con el firme objetivo de buscar la mejor manera de hacer las cosas. Contar con equipos de trabajo dentro de las instituciones educativas, sin duda, ayuda a enriquecer la solución de problemas de cualquier índole, debido a la consideración de una mayor cantidad de ideas sobre posibles opciones de solución.

Sin embargo, trabajar en equipo va más allá de solucionar conflictos y problemas. Trabajar en equipo significa buscar la prevención de los mismos. La integración de equipos que cuenten con participantes de las diversas áreas de la institución, para que elaboren planes y decidan cómo implementarlos, propicia una perspectiva multidisciplinaria que incluye las diferentes opiniones y que permite vislumbrar y anticiparse a cualquier situación que les afecte.

En las instituciones educativas es de suma importancia contar con equipos de trabajo cuyos miembros se encuentren integrados. Dicha unificación favorecerá la actitud de mutua protección dentro del equipo para enfrentar los desafíos que representan la aplicación de nuevas tecnologías de información en la educación, la competencia nacional e internacional, la educación en línea y la equiparación de estudios.

Cuando los sistemas administrativos de recursos humanos se alinean hacia la promoción del trabajo en equipo se crea un ambiente de motivación y de compañerismo. La motivación surge cuando se relacionan las recompensas con los resultados y esto hace que los integrantes trabajen más efectivamente. Si la organización presenta las necesidades y la tarea a realizar junto con la recompensa por buenos resultados en conjunto, lo más probable es que el equipo ponga todo su empeño en lograr y sobrepasar las expectativas previstas.

Aspectos que promueven u obstaculizan el trabajo en equipo del docente

Algunas personas no sienten satisfacción cuando trabajan en equipo porque consideran injusto que el reconocimiento y la recompensa sean para todos. Por esta razón cuando se forma un equipo deben de cuidarse aspectos como (a) la habilidad y competencia de los integrantes para trabajar en equipo, o sea, coordinarse, comunicarse y solucionar los conflictos que se les presenten, (b) la libertad para auto regularse y fijar sus normas de actuación, las cuales deben de hacerse valer a través de sanciones y recompensas acordadas por los miembros del equipo y (c) la cantidad de individuos en el equipo, que debe ser un número pequeño.

Para trabajar en equipo es necesario contar con actitudes, habilidades y aptitudes características que reditúen en un trabajo en conjunto, tales como:

- actitud favorable, optimista, paciente, de festejo por logros, confiable, leal y responsable,

- habilidad para cambiar su forma de actuar, hablar o pensar, resolver problemas, negociar, dirigir y colaborar, y
- aptitud para desarrollar eficientemente el rol que le corresponda, analizar y construir sobre alternativas propuestas.

Algunos aspectos relevantes que los directivos de las instituciones educativas deben considerar para un buen trabajo en equipo del docente son:

- señalamiento claro de las funciones, metas y objetivos que tendrá el equipo,
- selección adecuada de los miembros del equipo de trabajo buscando que cuenten con cualidades complementarias y afines al logro del trabajo en equipo, y
- suministro de recursos materiales o humanos que requieran para su cometido.

Cuando las personas elegidas para formar parte de un equipo no se conocen o no están integradas es conveniente organizar al menos una sesión de integración para que se inicie la generación de confianza y mecanismos de interacción entre los miembros. La integración les ayudará a llegar a acuerdos para la solución de problemas y a generar un compromiso y deseo de trabajar con los demás de una manera más rápida y eficiente.

La conciencia de que trabajar en equipo requiere de una dinámica diferente al trabajo individual es un indicador de que el equipo tendrá una actitud de aceptación hacia la necesidad de dedicar más tiempo para llegar a acuerdos por consenso entre los miembros, de que se establecerán mecanismos para que el equipo pueda identificar la responsabilidad que conlleva el resultado de su trabajo y para que las discusiones no sean dominadas sólo por algunos cuantos miembros.

Estrategias para promover el trabajo en equipo

Los docentes cuentan con muchas oportunidades para trabajar en equipo. Fomentar que así lo hagan contribuirá a la generación de información y conocimientos más completos y con una mayor diversidad de puntos de vista. El reto está en descubrir cómo facultarlos para que desarrollen su capacidad para trabajar en equipo.

El inventario de aptitudes, habilidades y actitudes para trabajar en equipo del personal activo tales como personalidad, flexibilidad y disposición es de gran ayuda para la institución. Este inventario proporciona valiosa información sobre el estado actual de la competencia para trabajar en equipo del personal y es fundamento para enfocar el desarrollo de aquellas personas en quienes esta competencia se requiera y no la posean actualmente en el nivel deseado.

La dirección debe de tener muy claras las formas en que los equipos docentes pueden integrarse y cuáles metas y objetivos son factibles de alcanzar en equipo. Asimismo, debe de estar en disposición de proporcionar los recursos, liderazgo, clima de confianza, reconocimiento y recompensas adecuados.

Las instituciones educativas pueden diseñar funciones que incluyan en su labor cotidiana tanto trabajo individual como en equipo en sus diversas modalidades. Es conveniente que para estas asignaciones se contemple que el equipo docente cuente con autonomía para realizar el trabajo, que los integrantes del equipo posean las competencias necesarias y que las tareas que se les asignen sean significativas y de alto impacto.

Para que el personal docente trabaje en equipo, el diseño de las funciones también debe contener mecanismos de retroalimentación y seguimiento al desempeño de las actividades, en función de criterios preestablecidos, para medir la eficacia de dichas actividades. Por ejemplo: cantidad y calidad de las ideas, costo-beneficio del proyecto o actividad, rapidez de cumplimiento o tiempo requerido (planeado vs real), cohesión del grupo y capacidad del grupo para resolver conflictos.

Los equipos de trabajo pueden formarse en diferentes tipos dependiendo de las características de las tareas que se les encomienden y de la forma en que los integrantes se coordinen.

- Según las características de las tareas encomendadas los equipos pueden ser: naturales de trabajo, de proyecto y paralelos.
- Según la forma en que los integrantes se coordinan los equipos pueden ser: autodirigidos, virtuales y multidisciplinarios.

La implementación de equipos de trabajo puede utilizarse para la planeación estratégica de la institución o para la identificación de una nueva necesidad que surge y tiene que llevarse a cabo (proceso, certificación, remodelación). El director o encargado es el responsable de seleccionar a los miembros que integrarán este equipo y el equipo debe ser el responsable de determinar cómo va a proceder cuando se le entregue la tarea u objetivo.

Los equipos naturales de trabajo, por ejemplo el equipo docente, el equipo administrativo, el equipo directivo, el comité de eventos, entre otros, son equipos existentes cuyos miembros deben de unirse y cuidarse ya que, por la propia naturaleza de sus funciones, se ven en la necesidad de trabajar juntos para sacar adelante su trabajo.

Los equipos de proyecto, por ejemplo los creados para la revisión de currícula, la organización de la graduación, la certificación de calidad, que por un periodo determinado se dedicarán a trabajar en una tarea, meta u objetivo específico y que se desintegrarán cuando éste se haya cumplido, funcionarán mejor si se les dedica tiempo a la selección e integración de sus miembros.

Los equipos paralelos, como los círculos de calidad o comités de seguridad, que se forman para que el personal labore en tareas complementarias a su trabajo regular de una forma independiente de la estructura formal de la institución a la que corresponden sus funciones regulares, requieren de una motivación continua.

Algunos equipos de proyecto o paralelos pueden considerarse como equipos auto dirigidos si cumplen con las características de estar encargados de realizar un proceso completo, contar con libertad para establecer sus propias normas y tener roles y funciones rotativos y elegidos por ellos mismos. Por ejemplo los círculos de calidad, que además de identificar la causa raíz de los problemas se rotan los roles, o el equipo organizador de la graduación que además de planear el evento se autorregulan en cuanto a las actividades de sus integrantes. Se consideran como autodirigidos si los miembros de equipo, en ambos casos, cuentan con la libertad para elegir quienes serán sus integrantes, el rol que desean desempeñar y cómo llevarán a término su misión.

Los equipos virtuales, por ejemplo algunos equipos naturales de trabajo o equipos de proyecto, compuestos por miembros que se encuentran localizados en diferentes ubicaciones y que para coordinarse requieren comunicarse en forma virtual ya sea a través de foros de discusión, charlas electrónicas, video conferencia o audio conferencias, demandan de una atención especial en las habilidades de comunicación de sus miembros.

Es importante que todos los equipos funcionen como multidisciplinarios, que cuenten con integrantes pertenecientes a diferentes áreas del conocimiento o diferentes departamentos de trabajo, sobre todo con aquellos individuos cuyo conocimiento o experiencia es necesaria para el logro de la meta y objetivos planteados para, de esta manera, asegurar resultados de mayor calidad.

Para que cualquiera de estos equipos funcione adecuadamente, deben de contar con el apoyo de la dirección, estar motivados, poseer las habilidades, competencias y talento requeridos, estar comprometidos con su trabajo y sus compañeros y mostrar un espíritu de logro.

Maestros opinan sobre el trabajo en equipo

1. **¿Cree que organizarse en equipos de trabajo es importante en la labor del docente?**
   - Si, puesto que tenemos que proporcionar un servicio de enseñanza-aprendizaje. Al trabajar en equipo podemos considerar varias funciones desde diferentes perspectivas, de forma que se mejore la calidad de la enseñanza.
   - Es importante porque con equipos de trabajo en los diversos departamentos se puede elevar el prestigio de la institución.
   - Si y aún más si son equipos formados por docentes que dan la misma materia. Al formar equipo, los maestros trabajan para obtener los mismos objetivos enfocados en homogenizar los estándares académicos para los alumnos y en incrementar su promedio de calificaciones sin importar el maestro con el que les toque llevar la clase.
   - Si es importante. Cuando trabajamos en equipo en las diferentes áreas de enseñanza, nuestra meta es plantear nuestros objetivos y seguirlos para que de manera general nuestra materia obtenga un buen nivel.

2. **¿Cuáles son los aspectos que serían más importantes para un buen trabajo en equipo del docente?**
   - Uno de los aspectos más importantes es que los docentes tengan disponibilidad de trabajar en equipo

para mejorar su proceso de enseñanza-aprendizaje y así poder ampliar su campo de trabajo.
- Pienso que una parte fundamental para que el docente haga un buen trabajo en equipo es la apertura que éste tiene para aprender a trabajar en equipo y seguir un mismo objetivo en la enseñanza.
- Para que los maestros trabajen bien en equipo se requiere la participación y colaboración de todos los involucrados.
- Los aspectos que considero fundamentales son: elegir bien a los integrantes del equipo de trabajo con cualidades complementarias en lugar de similares, definir claramente el fin u objetivo del grupo de trabajo, seleccionar un líder de equipo que se encargará de guiar las actividades del grupo hacia el objetivo establecido, generar las actividades que el grupo llevará a cabo y distribuirlas de manera equitativa y finalmente creo que es importante la evaluación posterior que mostrará si se cumplieron o no los objetivos.

3. **¿Quien es responsable del desarrollo de la capacidad para trabajar en equipo del docente?**
   - La responsabilidad es, primero que nada, del mismo maestro pues es parte de su desarrollo profesional y posteriormente de la organización pues el cimiento para ser la mejor escuela está en los maestros y mientras más habilidades tengan ellos la organización será mejor.
   - Yo pienso que la responsabilidad es de su director de departamento ya que él es quien tiene el conocimiento de las evaluaciones de los maestros y la autoridad para asignar actividades adicionales conducentes al desarrollo de la capacidad para trabajar en equipo.

- La responsabilidad de desarrollar la actividad en equipo depende de cada cabeza de departamento por la autoridad con la que cuenta. Y, además del compromiso del director del departamento, debe de existir también la firme intención del docente de aprender a trabajar en equipo. Para lograr esto, el maestro debe saber que si trabaja en equipo obtendrá mejores resultados. Digo esto porque aún en nuestros tiempos existen muchas personas que creen más en el trabajo individual que en el colectivo de colaboración.

4. **¿Cómo considera que los docentes pueden desarrollar su capacidad para trabajar en equipo?**
   - Pueden desarrollarla como resultado de asistir a talleres tanto para aprender a trabajar en equipo como para crear y promover equipos de trabajo.
   - Yo creo que para desarrollar dicha capacidad primero hay que motivar al personal para que quiera trabajar en equipo y posteriormente capacitarlos para que aprendan a hacerlo. Que sepan cuál es su función como integrante del equipo y qué rol va a jugar dentro del mismo.
   - La capacidad se desarrolla a través de realizar actividades en equipo.
   - Los maestros desarrollan esta capacidad cuando la organización motiva a todos los maestros que imparten la misma clase a trabajar en grupo para que los contenidos, tareas, actividades, exámenes y evaluaciones sean similares.
   - Los docentes pueden desarrollar esta capacidad, primeramente, asumiendo roles activos, con iniciativa, dentro de un grupo, posteriormente indicando a cada miembro su responsabilidad de trabajo y finalmente estableciendo la misión del equipo.

Trabajo en equipo
Cuadro sinóptico resumen

Trabajo en Equipo	Definición	Se refiere al trabajo integral de cada uno de los miembros del equipo para el cumplimiento de una meta u objetivo común de una forma integrada, con individuos formalmente comprometidos con su trabajo y con sus compañeros y que sienten satisfacción de pertenecer al equipo y por el logro de sus metas.
	Objetivos	Solucionar los conflictos y los problemas que surgen en las instituciones educativas buscando la mejor manera de hacer las cosas. Consideración de una mayor cantidad de ideas sobre posibles opciones de solución o prevención de conflictos y problemas.
	Importancia	Propiciar una perspectiva multidisciplinaria y anticiparse a cualquier situación que afecte a la institución o sus empleados. Los integrantes de equipos cohesionados se cuidan entre sí para enfrentar los nuevos desafíos: la aplicación de nuevas tecnologías de información en la educación, la competencia nacional e internacional, la educación en línea y la equiparación de estudios. El trabajo en equipo crea un ambiente de motivación y de compañerismo cuando los sistemas administrativos de recursos humanos están alineados.
	Lo promueven u obstaculizan	Lo promueven: una actitud favorable, optimista, paciente, de festejo por logros, confiable, leal y responsable, la habilidad para cambiar, comunicarse, resolver problemas, negociar, dirigir y colaborar, la aptitud para desarrollar eficientemente el rol que le corresponda, analizar y construir sobre alternativas propuestas, tener bien definida la tarea, tener conciencia de los demás y contar con recursos. Lo obstaculizan: que los miembros no contribuyan equitativamente al logro de los objetivos, pero sí acepten el reconocimiento y recompensa por los resultados del equipo y que los integrantes del equipo no se encuentren integrados.
	Estrategias para promoverlo	Facultar a los docentes para que desarrollen su capacidad para trabajar en equipo. Tener muy claro cuáles son las formas en que los equipos docentes pueden integrarse y cuáles metas y objetivos son factibles de alcanzar en equipo. Enfocar el desarrollo de aquellas personas en quienes la competencia de trabajar en equipo sea requerida y no la posean actualmente en el nivel deseado. Diseñar funciones que incluyan en su labor cotidiana, tanto trabajo individual como en equipo en sus diversas modalidades. Contemplar que el equipo cuente con autonomía para realizar el trabajo, que los integrantes del equipo posean las competencias necesarias y que las tareas que se les asignen sean significativas y de alto impacto. Contar con mecanismos de retroalimentación y seguimiento al desempeño de las actividades.

Actividades para desarrollar competencia en el trabajo en equipo

Meditación analítica

Busque un lugar tranquilo, asegúrese de usar ropa cómoda y seguir los siguientes pasos:

1) Respiración profunda
2) Relajar el cuerpo
3) Aquietar la mente
4) Análisis

1) Respiración profunda

Sentado cómodamente, trate de mantener la espalda recta y relajada, inhale profundamente (distendiendo el abdomen) y exhale con fuerza en tres ocasiones. Al inhalar imagine que se respira quietud y al exhalar imagine que sale toda tensión y cansancio del día.

La atención debe conservarse en la respiración. Trate de mantener un ritmo uniforme y tranquilo. Repita 21 veces de esta manera.

2) Relajar el cuerpo

Recorra mentalmente su cuerpo y trate de relajar concientemente cualquier parte que se encuentre tensa. Si tiene dificultad para relajarse, empiece por tensar y relajar cada parte del cuerpo, inicie por los dedos de los pies y termine por la cara y la cabeza.

3) Aquietar la mente

Imagine que está en su lugar favorito y que su mente es un apacible lago. Cualquier pensamiento lo puede perturbar y provocará movimiento en su superficie por lo que a cualquier pensamiento o recuerdo se le permite que llegue, que pase y que se vaya amablemente. Mantenga esta actitud por unos minutos.

4) Análisis

Empiece por revivir su actitud y comportamiento cotidiano en el aula con los alumnos o en otras actividades con los compañeros de trabajo. Mientras recuerda, no ponga atención a lo que las otras personas decían y hacían, sino a lo que usted pensaba, decía, hacía y sentía en ese momento.

Reflexione

Ponga atención especial en cómo usted promueve el trabajo en equipo, o contribuye a que éste se desarrolle.

Reflexione

Observe la forma en que su personalidad influyó en lo que dijo o hizo y cómo contribuyó lo que dijo o hizo a que se generara o no el trabajo en equipo entre las demás personas involucradas.

Reflexione

Usualmente creemos percibir las situaciones de manera objetiva, consideramos percibirlas acertadamente. Pero normalmente las vemos a través de filtros de la perspectiva connatural, de acuerdo a las propias necesidades.

Reflexione

Pregúntese: ¿De qué otra forma podría haber ejercido el rol de líder o miembro de un equipo? ¿Cómo sería si se viera esa situación desde la perspectiva de la otra persona, de sus necesidades, de sus preocupaciones?

Reflexione

Determínese a estar más atento a la forma en que promueve o contribuye a que el trabajo en equipo se de en las situaciones y acontecimientos cotidianos, a poner más atención en su actitud y comportamiento. Hágase conciente de su falta de flexibilidad mental. Decida tratar de ver los eventos de una manera más amplia, compasiva y con una mente abierta.

Análisis de películas

Vaya al cine, rente o compre películas en las que se desarrollen eventos de trabajo en equipo. Observe cuidadosamente el impacto que tienen tanto la actitud como el comportamiento de los integrantes del equipo en quienes les rodean.

Escriba aquellas actitudes y comportamientos que a usted le gustaría desarrollar para ejercer mejor su participación como líder o integrante de equipo. Determine cuáles actividades específicas necesita emprender para lograrlo.

Experimente con el trabajo en equipo

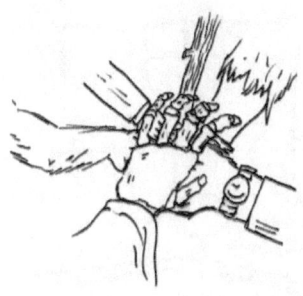

Diseñe actividades para sus alumnos, a fin de que trabajen en equipo y que sus miembros desempeñen roles específicos de: creador (inicia las ideas creativas), promotor (defiende ideas cuando se han iniciado), asesor (ofrece un análisis profundo de opciones), organizador (provee estructura), productor (provee dirección y continuidad), controlador (examina detalles y hace cumplir las reglas), conservador (pelea las batallas externas), consejero (promueve la búsqueda de mayor información) y vínculo (coordina e integra).

Forme equipos en función de la habilidad que tengan los alumnos intentando que se cubran todos los roles. Algunos tendrán que jugar más de un rol en el equipo.

Analice los resultados de los equipos en función de esta forma de integrarlos. Experimente con otras formas de integrar equipos de trabajo y compare los resultados obtenidos.

Contribución institucional

La competencia para trabajar en equipo del personal puede ser desarrollada por las instituciones educativas a través de la promoción de prácticas organizacionales como:
- Formar equipos de trabajo con diferentes finalidades, algunas de las cuales pueden ser las mencionadas en el capítulo "Estrategias siglo XXI para desarrollar las competencias de los docentes" del presente libro.
- Reconocer a los equipos de trabajo que sobresalgan por diferentes circunstancias. Por ejemplo reconocer el número de ideas generadas, la calidad de las ideas presentadas, el costo económico de las opciones, la rapidez para solucionar las asignaciones, la capacidad para solucionar sus conflictos internos, el compromiso que han generado hacia los resultados, su auto realización y cohesión como equipos.
- Diseñar y establecer lineamientos para la formación, integración y administración de equipos de trabajo que aseguren que, cuando se formen equipos de trabajo, éstos cuenten con autonomía para realizar sus asignaciones, que sus habilidades sean variadas y complementarias, que la tarea tenga un significado especial debido a su contribución, que posean los recursos necesarios para llevar a cabo su trabajo, que exista un

clima de confianza entre sus miembros y que la evaluación del desempeño y recompensa sean en base a los resultados del equipo total y no de sus miembros individuales.

Comunicación

Si alguien está en desacuerdo contigo, déjalo vivir. No encontrarás a nadie parecido en cien mil millones de galaxias.

Carl Sagan

El significado de las palabras

Había una vez una ballena jorobada conocida como "la Dama". Esta ballena viajaba continuamente de Alaska, donde se alimentaba, a Hawai, donde se apareaba.

"La Dama" tenía habilidades muy especiales, podía escuchar a grandes distancias y además le era factible entender los idiomas de muchos y muy diferentes animales, como por ejemplo el barritar de los elefantes, el rugido de los leones, el silbido de los delfines, los chasquidos del cachalote, el mugido de las vacas, el cotorreo de los monos, e incluso algunas articulaciones de los humanos. En fin, contaba con un gran repertorio de lenguajes que superaba el de cualquier otro animal.

Un día de verano, cuando realizaba su recorrido para alimentarse, "La Dama" se topó con dos cachalotes quienes se quejaban amargamente "¿Cómo es posible que no encontremos a los calamares gigantes si aquí estaban el verano pasado? Vamos a buscarlos, por aquí deben de andar." "¿No los has visto?" preguntaron a la ballena.

"La Dama", quien en ocasiones anteriores había presenciado grandes luchas entre cachalotes y calamares, asumiendo que estos predadores buscaban a los calamares para comérselos, contestó "No, no los he visto, y aunque así lo hubiera hecho, no se los diría." Al terminar de decir esto les dio la espalda y se alejó.

Los cachalotes quedaron muy sorprendidos por la reacción de la ballena jorobada. "¿Qué fue lo que dijimos? ¿Hicimos algo incorrecto?" "No lo sé," contestó el otro. "Ni siquiera nos dio la oportunidad de decirle lo urgente que es que encontremos a los calamares gigantes para prevenirlos sobre los humanos que están pescando en esta área ¿Qué será lo que pensó?"

Como tenía muy buen oído "La Dama" alcanzó a escuchar la conversación que se suscitó después de su partida. Se sintió muy avergonzada por haber antepuesto sus prejuicios. Se dijo a sí misma "la próxima vez pondré más atención y haré suficientes preguntas como para saber exactamente de qué hablan o qué quieren decir los demás." Reorientó su camino y se fue entonando esas largas y complejas canciones que sólo ella sabe cantar, en busca de los calamares gigantes para avisarles del peligro.

Moraleja: *Así como el prejuicio lleva al distanciamiento, la clarificación de las palabras lleva al entendimiento.*

La comunicación

"La comunicación es la transmisión de información y significado de una parte a otra, a través del uso de símbolos compartidos" (Bateman y Snell, 2004, p. 532). Las ideas que constantemente se generan a través del pensamiento se expresan mediante el lenguaje por lo que la relación entre lenguaje y pensamiento es muy importante para comunicarse eficazmente.

El lenguaje se forma de un conjunto de signos estructurados que contribuyen a compartir un mensaje y se constituye como el gran instrumento de la comunicación del que dispone el hombre para manifestar sus ideas.

La comunicación interpersonal en una organización ayuda a que los individuos estén bien informados y tomen mejores decisiones. Es importante aprender a comunicarse con los demás de manera efectiva para que la institución y aquellos que la conforman se beneficien. Hasta el más pequeño detalle cuenta para tener éxito.

Las nuevas generaciones están adquiriendo una forma muy particular de lenguaje para expresarse, influenciado principalmente por las características de los medios de comunicación electrónica, lo cual presenta un nuevo reto que el personal docente debe encarar para crear puentes de comunicación con los jóvenes.

Importancia de la comunicación en el docente

La comunicación es indispensable en la labor docente. La interacción con los alumnos, compañeros catedráticos o administrativos, padres de familia y demás personas es parte de la vida cotidiana del maestro y le permite expresar formas de pensar y de ser.

Los pasos más importantes en el proceso de comunicación son la transmisión de información y suministro y recepción de retroalimentación. Si uno de estos dos pasos es deficiente o se omite no se logrará el objetivo para el cual el proceso de comunicación se desarrolla.

En la docencia transmitir información y dar y recibir retroalimentación son imprescindibles porque permiten al maestro transferir conocimientos a los estudiantes, darles la oportunidad de expresarse, conocer las dudas o problemas que tengan con la materia o en cuestiones personales y hacerles saber aquellas actitudes o comportamientos que afectan su desempeño.

La comunicación no sólo incluye lo que se escucha, dice, lee o escribe. También se considera comunicación a la entonación, énfasis, inflexiones y pausas de la voz, a los gestos, ademanes, posturas y movimientos del cuerpo, a la ropa y accesorios del individuo y a la decoración y mobiliario de los lugares. El docente que está conciente de ello cuida lo que dice, cómo lo dice, cuándo y dónde lo dice y cuida su apariencia personal y la del entorno que lo rodea.

De acuerdo con Roque et al. (2007), el lenguaje tiene dos funciones muy claras y de igual importancia: la comunicación externa con nuestros semejantes y la manipulación interna de nuestros pensamientos. Estos dos sistemas usan el mismo código por lo que pueden traducirse de uno al otro, es decir, conforman un lenguaje comunicativo.

Como docentes es conveniente buscar las estrategias que ayuden a que los alumnos capitalicen sus gustos y preferencias en cuanto a sus formas de comunicarse para que retengan la información, actúen con eficacia y aprovechen los diferentes tipos de comunicación verbal y no verbal que los distingue.

Es relevante tomar conciencia de las diferencias significativas de las formas de expresión verbal, no verbal y escrita pues, aunque son complementarias, éstas requieren de habilidades y conocimientos diferentes. El docente debe conocer, practicar y dominar las diferentes formas de expresión para que su mensaje sea efectivo. Por ejemplo, en los grupos con los que el docente interactúa se encuentran individuos cuyo principal canal de acceso a la información puede ser visual, auditivo o sensitivo. En el caso de interlocutores auditivos es importante que el maestro utilice adecuadamente el lenguaje oral en el proceso comunicativo ya que la comunicación surge en forma espontánea y natural y puede romperse la sintaxis.

Generalmente el docente utiliza la comunicación cara a cara que requiere de poner atención especial a los códigos no verbales utilizados (gestos, ademanes, posturas y movimientos del cuerpo) ya que involucra capturar la atención de aquellos interlocutores cuyo principal canal de acceso a la información es el canal visual.

A fin de acceder a los individuos sensitivos y lograr el objetivo deseado el docente debe cuidar que su comunicación oral o escrita contenga elementos que expresen sensaciones y sentimientos que capturen la atención y también debe de cuidar de la comodidad del ambiente físico en el cual se llevará a cabo la interacción.

En el caso de la comunicación escrita ya sea con los alumnos, compañeros de trabajo y/o padres de familia, el canal visual es el que se vuelve más importante y los códigos no verbales se utilizan poco debido a que no existe interacción. Durante este proceso comunicativo se pone más cuidado en la sintaxis tanto de lo que se lee como de lo que se escribe y se presenta la oportunidad de analizar y reflexionar sobre el contenido de lo que se desea comunicar ya que generalmente es una interacción diferida, asincrónica y que queda como evidencia de lo tratado.

Aspectos que promueven u obstaculizan la comunicación efectiva del docente

El proceso de la comunicación ha sido ampliamente estudiado por un sinnúmero de autores. El emisor codifica un mensaje y lo envía al receptor que lo recibe y decodifica. El mensaje se expresa mediante un código (el lenguaje) y utiliza un canal específico. En este proceso el receptor se convierte en emisor cuando genera retroalimentación. La retroalimentación, ya sea positiva o negativa, tiene la función de dar respuesta al emisor y para ello se emplean algunos tipos de comunicación verbal y no verbal.

A todo aquello que obstaculice o impida una eficiente comunicación se le denomina interferencia o ruido y según Roque, et al. (2007) este variará según sea el canal a través del cual se trasmita el mensaje.

Es muy fácil que la comunicación se desvíe o sea alterada. Para evitarlo el docente debe tener una disposición positiva y enfocada hacia la meta. El maestro debe comprender que echar a andar a la organización es tarea de todos y debe darse cuenta de la importancia de reconocer los factores que obstaculizan una comunicación efectiva.

Algunos obstáculos al proceso comunicativo relacionados con los integrantes de la audiencia (alumnos, compañeros, pa-

dres de familia y otros involucrados) que se presentan en la labor cotidiana del docente son debido a:
- las diferentes personalidades o perfiles de comportamiento,
- los diferentes canales de acceso a la información (visual, auditivo, sensitivo),
- las capacidades diferentes, físicas o intelectuales, de algunos individuos,
- la diversidad en la cultura,
- las habilidades y los conocimientos que poseen,
- la falta de apertura de las personas hacia las opiniones de otros acerca de sus ideas o de ellos mismos,
- la poca motivación e interés,
- el exceso o falta de información, y
- las filtraciones en la comunicación.

Algunos obstáculos en el proceso de comunicación relacionados con el propio docente y que se presentan en su labor cotidiana son debido a:
- los propios defectos, personalidad o perfil de comportamiento, las capacidades diferentes (físicas o intelectuales),
- el uso de un lenguaje inadecuado,
- una actitud a la defensiva,
- una deficiente habilidad para comunicarse (verbal o no verbal),
- las señales mixtas,
- la deficiente comunicación ó
- la falta de atención en lo que sucede alrededor.

La comunicación varía según las personas y ocasiones. La comunicación debe aplicarse de acuerdo al lugar y a los individuos involucrados. Asimismo, hay que considerar tanto las características de los integrantes de la audiencia como las propias para emplear la tecnología adecuada que facilite la comunicación.

Estrategias para desarrollar la comunicación efectiva

Para lograr que el docente cuente con una comunicación efectiva hay diversas estrategias disponibles, como el desarrollo y práctica de habilidades para:

- escuchar bien y con atención a su interlocutor,
- evaluar el contenido,
- concentrarse y tomar notas para una mejor comprensión,
- claridad en el mensaje,
- buscar una respuesta,
- utilizar el proceso de dos vías,
- generar un clima de confianza,
- controlar sus emociones, y
- tratar con igualdad a las personas.

El proceso de comunicación se torna simple y en dos sentidos si el docente cuida que: (a) la información que envía sea clara y objetiva para no generar fallas al receptor, (b) al hablar lo haga con sinceridad y sin rodeos, directo al punto exacto de la información que se pretende dar u obtener en la comunicación interpersonal y (c) la persona con la que se comunique le confirme haber entendido la información correctamente.

La efectividad de la comunicación se incrementa si existe la participación entre las dos partes. Al menos una de ellas debe insistir en la participación bipartita que en muchas ocasiones no se presenta.

Saber cómo escuchar a los demás, favorecer el acercamiento y cumplir con los acuerdos genera un incremento en la confianza entre los interlocutores y propicia una sensación agradable para poder aproximarse sin ningún problema. Es sumamente importante que exista confianza entre ambas personas ya que sin ella la comunicación no prevalecerá.

La comunicación fluye fácilmente cuando el maestro sabe controlar sus emociones, cuando ejerce la igualdad en el trato de las personas y cuando es considerado como digno de confianza no sólo por sus compañeros maestros sino también por los alumnos y demás personas con las que se relaciona, aunque tengan puntos de vista diferentes.

Maestros opinan sobre la comunicación

1. **¿Qué usos tiene el docente para la comunicación interpersonal?**
   - El docente la usa para la transmisión de conocimientos y para coordinarse mejor con los alumnos y con las personas que trabaja.
   - La comunicación tiene muchos usos en la labor del docente ya que constantemente la está utilizando y es indispensable para que mantenga una buena relación con los alumnos, la administración, sus compañeros y cualquier otra persona con la que tenga trato. Considero que la comunicación sirve para trabajar con eficacia.
   - Pienso que comunicarnos con los demás se utiliza para darnos cuenta cómo podemos mejorar nuestra forma de actuar a través de la retroalimentación que nos provean.

2. **¿Cómo cree que impacta la comunicación del docente en el desempeño cotidiano de su labor?**
   - La comunicación afecta el desempeño del docente porque si la otra parte no comprende el mensaje, los resultados no son los esperados.
   - En nuestra actualidad la comunicación es de vital importancia para lograr un buen desempeño laboral y personal. Sobre todo verificar que los conocimientos

transmitidos se entendieron correctamente y evitar interpretaciones erróneas.
- Pienso que el desempeño laboral del docente depende directamente de su habilidad para comunicarse porque continuamente está en contacto con personas que reciben sus conocimientos y opiniones.
- Impacta considerablemente porque si no hablamos con los estudiantes, no sabemos las dudas o problemas que tienen en cuestiones académicas o personales y no estaremos en posibilidad de ayudarlos a encontrar la forma de superarlos.

3. **¿Cuáles son los obstáculos que puede encontrar el docente para comunicarse efectivamente?**
    - La falta de interés de los receptores y la falta de consistencia en la información o expresiones fuera del alcance de los receptores son algunos de los obstáculos que encuentra el docente.
    - Existen muchas causas que pueden ocasionar fallas en la comunicación como por ejemplo, asumir que los demás entienden perfectamente lo que decimos, pensar que todas las personas cuentan con capacidades similares y no tomar en consideración el contexto cultural y social en que nos encontramos.
    - Los obstáculos pueden encontrarse cuando, al establecer una comunicación en doble sentido, no existe un buen proceso de filtrado que permita validar la información y asegurar que ésta sea de buena calidad.

4. **¿Cuál es el impacto de los obstáculos en la comunicación del docente?**
    - La falta de habilidad para transmitir mensajes puede traer como consecuencia el desperdicio de recursos ya que obtendrá respuestas o resultados diferentes a los

esperados y puede también provocar falta de cumplimiento en asignaciones pues los alumnos no tendrán claro lo que se espera de ellos.
- Cuando existen obstáculos para una comunicación adecuada se produce un resultado negativo, no se obtienen los logros deseados.
- Cuando un individuo no considera las características específicas de su interlocutor, lo que es realmente importante, provoca que no se entienda el mensaje que desea transmitir.
- Cuando el docente no es capaz de desarrollar una comunicación bipartita el interlocutor sufrirá de ansiedad o frustración al no poder dar retroalimentación sobre lo comunicado y lo entendido.

5. **¿Qué estrategias puede utilizar el docente para incrementar la efectividad de su comunicación?**
    - El docente puede promover la participación entre las dos partes para darle más confianza al receptor. En muchas ocasiones no se da esta participación por ambas partes por eso el docente debe insistir en propiciar esa confianza.
    - El docente puede capacitarse para escuchar a los demás efectivamente y para controlar sus emociones.
    - El maestro puede utilizar conceptos claros, concretos y precisos de lo que quiere comunicar. Además, puede usar todos los medios disponibles para lograr captar la atención hacia lo que quiere dar a conocer.
    - La información que el maestro transmite debe ser clara y objetiva, para no generar fallas en lo que el alumno entiende, por lo tanto, con anticipación al evento, debe preparar y practicar muy bien su discurso y estrategias de transmisión del mismo.

- El maestro puede utilizar su facilidad de palabra, su buen humor al llegar al salón de clases, sus conocimientos, su buena dicción y su buena disposición para ser más efectivo.
- El maestro debe capacitarse para saber escuchar a los demás y para hablar con seguridad. Puede incrementar su efectividad al utilizar un lenguaje adecuado al nivel correspondiente a la clase que imparte y con asesorías y retroalimentación.

Comunicación
Cuadro sinóptico resumen

Comunicación	Definición	Es la transmisión de información y significado de una parte a otra a través del uso de símbolos compartidos.
	Objetivos	Que las personas tomen mejores decisiones y bien informadas. Expresión de pensamientos, emociones y sentimientos mediante el lenguaje.
	Importancia	Permite expresar formas de pensar y de ser. Relevante para transmitir información y dar y recibir retroalimentación. Permite conocer las dudas o problemas que tengan los con la materia o en cuestiones personales que impactan en su desempeño.
	La promueven u obstaculizan	La promueven: aplicar la comunicación diferenciada de acuerdo al lugar y a los individuos involucrados y considerar tanto lo que sucede cuando las personas pierden su capacidad de pensar y ordenar sus ideas para comunicarse de manera efectiva como la tecnología empleada que pudiera facilitar o no las cosas. La obstaculizan: no entender que existen diferentes personalidades o perfiles de comportamiento, diferentes canales de acceso a la información, que los individuos cuentan con capacidades físicas o intelectuales diferentes, la diversidad en la cultura, la falta de apertura de las personas hacia las opiniones de otros acerca de sus ideas o de ellos mismos, la poca motivación e interés, el exceso o falta de información o las filtraciones en la comunicación, el uso de un el lenguaje inadecuado, una actitud a la defensiva, una deficiente habilidad para comunicarse o enviar señales mixtas.
	Estrategias para promoverla	Desarrollar y practicar habilidades para escuchar bien y con atención. Evaluar el contenido. Concentrarse y tomar notas. Buscar una respuesta. Proceso de comunicación en dos vías. Clima de confianza. Control de emociones. Igualdad de trato a las personas. Contacto físico.

Actividades para desarrollar competencia en la comunicación

Meditación analítica

Busque un lugar tranquilo, asegúrese de usar ropa cómoda y seguir los siguientes pasos:

1) Respiración profunda.
2) Relajar el cuerpo.
3) Aquietar la mente.
4) Análisis.

1) Respiración profunda

Sentado cómodamente, trate de mantener la espalda recta y relajada, inhale profundamente (distendiendo el abdomen) y exhale con fuerza en tres ocasiones. Al inhalar imagine que se respira quietud y al exhalar imagine que sale toda tensión y cansancio del día.

La atención debe conservarse en la respiración. Trate de mantener un ritmo uniforme y tranquilo. Repita 21 veces de esta manera.

2) Relajar el cuerpo

Recorra mentalmente su cuerpo y trate de relajar concientemente cualquier parte que se encuentre tensa. Si tiene dificultad para relajarse, empiece por tensar y relajar cada parte del cuerpo, inicie por los dedos de los pies y termine por la cara y la cabeza.

3) Aquietar la mente

Imagine que está en su lugar favorito y que su mente es un apacible lago. Cualquier pensamiento lo puede perturbar y provocará movimiento en su superficie por lo que a cualquier pensamiento o recuerdo se le permite que llegue, que pase y que se vaya amablemente. Mantenga esta actitud por unos minutos.

4) Análisis

Empiece por recordar una ocasión en la que fue hostil. Mientras recuerda la situación no ponga atención a lo que la otra persona decía y hacía, sino a lo que usted pensaba, decía, hacía y sentía en ese momento.

Reflexione

Ponga atención especial a cómo se dio la comunicación.

Reflexione

Observe la forma en que su estado emocional y su actitud influyeron en lo que usted dijo e hizo y cómo contribuyó lo que dijo o hizo a que se generara esa situación con las demás personas involucradas.

Reflexione

Ahora regrese a la manera en que interpretó la situación y pregúntese ¿Fui realista? ¿Realmente enfrenté la situación de manera objetiva? O lo hice a través del filtro del YO, del MÍ, de lo MÍO, de una actitud auto centrada.

Reflexione

Usualmente creemos haber percibido las situaciones de conflicto con alguien de manera objetiva, consideramos haberlas percibido acertadamente. Pero normalmente las vemos a través de los filtros de la perspectiva connatural de acuerdo a las propias necesidades.

Reflexione

¿De qué otra forma podría haber enfrentado esa situación? ¿Cómo sería si la viera desde la perspectiva de la otra persona, de sus necesidades, de sus preocupaciones? ¿Cuál sería otra posible forma de comunicarse más asertiva y amablemente?

Reflexione

Determínese a estar más atento a la forma en que interpreta las situaciones y acontecimientos cotidianos, a poner más atención en las palabras que usa y en la oportunidad con que se comunica. Hágase conciente de su falta de flexibilidad mental. Decida tratar de ver los eventos de una manera más amplia, compasiva y con una mente abierta.

Retroalimentación personal

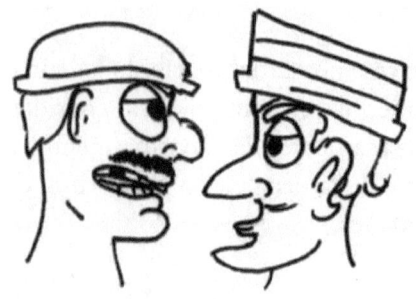

Seleccione a tres personas con las que tiene dificultad para comunicarse. A cada una por separado coméntele que desea recibir retroalimentación acerca de la efectividad de la forma en que usted se comunica y que por favor le proporcione la siguiente información:

1) Un ejemplo de cosas que dice o hace que le gustaría que continuara haciendo o diciendo.
2) Un ejemplo de cosas que dice o hace que le gustaría que hiciera o dijera más seguido (con mayor frecuencia).
3) Un ejemplo de cosas que le gustaría que empezara a hacer o decir.
4) Un ejemplo de cosas que dice o hace que le gustaría que dejara de hacer o decir.
5) Un ejemplo de cosas que dice o hace que le gustaría que hiciera o dijera con menor frecuencia.

Durante el tiempo en que la persona esté proporcionando la información usted no debe reaccionar, no debe justificar, negar o comentar en lo absoluto sobre esos ejemplos. Lo único válido es preguntar si puede darle algún otro ejemplo.

Asegure a la persona que tomará en cuenta sus comentarios para reflexionar sobre ellos y agradezca la información que proporcionó.

Reflexione sobre cómo se percibe su actuación personal y tome la determinación de estar atento a la forma de comunicarse con otros y a cambiar los patrones disfuncionales que fueron localizados.

Mi lista de verificación de comunicación

Ser competente para comunicarse adecuadamente es necesario. Existen algunos principios que llevan a lograr una buena comunicación.

Trate de llenar la siguiente lista de verificación de comportamientos que demuestran habilidad para comunicarse. Para hacer esto es conveniente que tenga a la mano esta lista de verificación y preste atención a cada interacción que sostenga con las personas.

Después de cada interacción marque aquellos principios que estuvieron presentes o no en esa ocasión.

Al final del día, analice cuáles son las áreas de oportunidad para alcanzar una excelente comunicación y propóngase perseverar en el intento.

Principio	¿Demostré habilidad para comunicarme? ¿Cumplí con el principio?	
	SI	NO
Estar abierto y ser flexible		
Respetar la dignidad del individuo con el cual me comuniqué		
Tratar equitativa y objetivamente a todos (no juzgar, comparar, o menospreciar)		
Reconocer que no lo sé todo		
Reconocer que mi verdad no es la única verdad		
Intercambiar experiencias		
Cambiar la forma de comunicarme si es que no funciona adecuadamente		
Aprender de los errores		
Rectificar los errores		

Contribución institucional

La comunicación es una competencia que puede desarrollarse en el personal de las instituciones educativas a través de promover prácticas organizacionales tales como:
- Organizar círculos de conversación. Estos grupos tienen como objetivo desarrollar habilidades de comunicación asertiva en los integrantes así como de discutir temas sin molestarse unos con otros. Se fija un tema de discusión para que los integrantes hablen sobre él por espacio de media hora. Procure que todos los participantes intervengan ya sea iniciando una conversación, incorporándose a una ya iniciada, cambiando el enfoque o contenido del tema de conversación o para terminar o cerrar el tema. Al terminar la discusión del tema cada individuo analiza en forma personal qué se hizo bien, qué se hizo mal, qué puede hacerse mejor.
- Incluir dentro de los parámetros de las evaluaciones del personal aquellos indicadores de comunicación efectiva relevantes para la institución para revisar en forma periódica. Algunos ejemplos de indicadores de comunicación efectiva son:
    - hace que los demás se sientan cómodos al hablar con ellos,

- muestra sensibilidad ante los sentimientos de los demás,
- mantiene informadas a las personas de eventos que les son relevantes,
- escribe en forma clara y concisa,
- escucha y considera opiniones contrarias a la suya, y
- cambia el enfoque de su comunicación cuando el interlocutor o situación así lo demanda.
- Diseñar y programar sesiones para proporcionar retroalimentación oportuna a las personas específicas involucradas en prácticas de comunicación inefectivas.

Liderazgo

Si un ciego guía a otro ciego, ambos caerán en la olla.

San Mateo

Un líder sabio

Hace mucho tiempo existía un alce que era el líder de una manada que vivía en Canadá. Este alce tenía dos hijos uno de pelo rojo café, a quien llamaban "Rojo" y otro color canela a quien llamaban "Monty". Ambos alces eran muy competitivos y siempre se retaban el uno al otro.

Llegó el día en que el padre de ambos alces se hizo viejo y como no podía cuidar ya de la manada, los llamó y les dijo, "ha llegado el momento en que ustedes deben sucederme en el liderazgo de la manada. Ambos son igualmente capaces de ser líderes, por lo tanto, dejaremos que cada uno de los miembros elija a quién de ustedes desea seguir."

Así fue como el viejo alce reunió la manada, "queridos compañeros, se acerca la temporada en que viajamos a las altas montañas para alimentarnos, ya soy viejo y no creo poder guiarlos en el futuro. Ustedes conocen a mis dos hijos "Rojo" y "Monty". Ambos pueden ocupar mi lugar. Elijan a quien deseen que sea su líder en este viaje pues otros ancianos y yo nos quedaremos en este lugar."

La manada se dividió en dos grupos casi de la misma cantidad de alces y emprendieron su viaje a las montañas al mando de "Rojo" y "Monty". El camino era peligroso porque además de una gran cantidad de enemigos naturales como el león de montaña, el gato montés, los coyotes y los osos, los cazadores saben que en esta temporada se mueven las manadas de alces hacia las montañas y se apostan en el camino para cazarlos.

Los flamantes nuevos líderes estaban ansiosos de demostrar sus habilidades de liderazgo y cada uno en secreto tramaba la forma de ganarle al otro. Sin embargo, "Monty" reconocía que él no lo sabía todo y que existían peligros que él en su corta vida no había afrontado aún, por lo que reunió a su manada y les dijo "nos esperan muchas amenazas en el camino. Están los depredadores y nuestro enemigo el hombre. En esta aventura les pido que cada uno de ustedes sea cuidadoso de sí mismo y de quienes le rodean. Estén alertas a cualquier señal de peligro." "Monty" y su manada consiguieron llegar a la montaña, todos sanos y salvos, gracias a que todos se ayudaban mutuamente.

En cambio "Rojo" asumió una actitud arrogante de saberlo todo y en su prisa por ganarle a su hermano, no fue suficientemente precavido. Y, aunque fue el primero en llegar a la montaña, esto le costó la vida a muchos de los integrantes de su grupo.

Cuando las dos manadas se encontraron en la montaña comenzaron a compartir las experiencias del camino. Los seguidores de "Rojo" se arrepentían de haberlo elegido como su líder.

Cuando llegó el momento de regresar de nuevo a la pradera, los seguidores de "Rojo" se reunieron y decidieron llamar a una nueva votación. La gran mayoría acordó unirse a la manada de "Monty". Sólo unos cuantos seguirían a "Rojo" en su viaje de regreso.

"Rojo" estaba sumamente molesto. El enojo le nublaba la razón y no escuchaba los avisos o consejos de sus seguidores. Lo único que deseaba era regresar primero y vengarse de los demás. Esto ocasionó que en el trayecto toda la manada fuera exterminada, incluso el orgulloso "Rojo".

"Monty", por su parte, siguió la misma estrategia que le había funcionado tan bien. Por ser cautelosos y cuidadosos lograron regresar completamente a salvo. Al reencontrarse con su padre éste le dijo a su hijo, "no cabe duda que has sido un líder inteligente que ha sabido aprovechar lo mejor de sus seguidores para conservarse a salvo. Estas cualidades te ayudarán a enfrentar muchas dificultades en el futuro."

Moraleja: *Un líder sabio antepone la seguridad de sus seguidores a su propio interés.*

Liderazgo

El liderazgo es la "capacidad para inspirar confianza y sensación de apoyo en las personas para alcanzar las metas de la organización" (DuBrin 2000, p. 264). El liderazgo es un arte y a la vez una habilidad que lleva al individuo a contagiar y motivar a otros hacia el logro de una visión de grupo lo cual resulta en compromiso, disciplina, pasión y lealtad.
Quien se comporta como líder inspira confianza a través del apoyo que proporciona a las personas para que éstas alcancen las metas y objetivos personales y organizacionales.

El liderazgo puede discurrirse desde tres diferentes perspectivas: individual, grupal u organizacional. En cualquiera de estos contextos se nace o inicia con determinadas características o capacidades que se consideran propicias para ejercer el liderazgo; mismas que se desarrollan o perfeccionan una vez que se ha tomado la determinación de ser líder.

También es conveniente tener en cuenta, como lo señalan Katzenbach y Smith (1996), que el liderazgo involucra los aspectos de tarea y proceso, es decir, el qué y el cómo de su ejercicio. Tarea, porque el líder requiere de conocimientos, habilidades y competencias para ejercer el liderazgo. Proceso, porque es la forma en que se aplican las capacidades del líder para ayudarlo a cumplir su misión de inspirar y motivar a sus seguidores.

En la actualidad ya no es aceptable que el docente sea solamente un educador, se requiere que ejerza cualidades de líder, tanto en su salón de clase como en la institución en la que colabora. Es necesario que aproveche su función para influir en las nuevas generaciones y guiarlas hacia un futuro mejor.

Importancia del liderazgo del docente

Como se indica anteriormente el liderazgo puede ejercerse a nivel individual, grupal u organizacional. A nivel individual, por un lado, el docente desempeña una labor de formador tanto de mentes como de espíritus de sus alumnos. Por otro lado, forma parte de un equipo de docentes que deben contemplar una perspectiva integral tanto de la academia como de la institución. Se trata de un rol que involucra ser innovador, original, enfocado en la gente, inquisidor, que rete el status quo y a la vez conciba la formación integral de los alumnos.

El docente líder tiene la capacidad de influir en sus alumnos para que desempeñen sus actividades académicas de una manera más eficiente y se motiven hacia el aprendizaje. Está comprometido con su labor y con la responsabilidad que ésta implica. Es aquel en quien las personas que lo rodean confían porque desarrolla mejor cualquier trabajo que le sea asignado o que él emprenda en forma individual.

El docente tiene que poseer liderazgo para tomar el control de su clase, a la vez que inspira confianza y rompe algunas barreras de comunicación que se dan entre maestro y alumno. Puede ser que no se necesite el liderazgo para poder dominar un grupo. Sin embargo, la diferencia entre hacerlo con liderazgo o sin él es muy grande en los resultados y en la confianza, inspiración y lealtad que se genera en los alumnos.

A nivel grupal el cuerpo docente posee un rol sumamente importante que está centrado en dar vida a la razón de ser de la institución. Cuando se crean equipos que actúan con liderazgo se genera una dinámica que anima a otros equipos a funcionar con mayor energía y diligencia y origina una ventaja competitiva institucional.

A nivel organizacional el comportamiento de liderazgo se percibe en la eficiencia, en la presteza y en el nivel de confianza de los integrantes de la organización. Tanto para el personal como para el alumnado es un orgullo el pertenecer a aquellas instituciones que funcionan como líderes.

Algunas de las características distintivas de las diferentes instituciones educativas que son consideradas como líderes en su ramo residen en el enfoque a la calidad total en todos sus procesos académicos y administrativos, en la contribución que su recurso humano hace para trabajar armónicamente y para desarrollarse y en los resultados que se obtienen, tanto en la calidad de sus estudiantes activos y egresados, como en la productividad, utilidades y demanda de ingreso.

El liderazgo a todos los niveles es primordial por varias razones: a) para la satisfacción en el trabajo de los empleados, b) para conservar a los alumnos actuales y captar a nuevos alumnos y c) para atraer alianzas con otras instituciones de prestigio.

Aspectos que promueven u obstaculizan el liderazgo del docente

Algunos aspectos que promueven u obstaculizan el desarrollo de la competencia de liderazgo son: las relaciones líder-miembros, la estructura de la tarea y los sistemas y procesos administrativos.

Las relaciones líder-miembros son determinantes para la conducta de los individuos en las organizaciones porque repercuten en la salud del clima laboral, en los resultados de negocio y en el deseo de los individuos de desplegar sus habilidades y competencias. Es común que los docentes asistan a eventos de capacitación y desarrollo, pero a la hora de implementar lo aprendido, no se les permite. El líder debe de ser muy hábil para lograr capitalizar las oportunidades que se generan a raíz de la formación y perfeccionamiento de las competencias del personal.

La forma en que se encuentran estructuradas las diversas tareas que debe realizar el personal promueve u obstaculiza el desarrollo de su capacidad de liderazgo. El ámbito de acción para una actitud de liderazgo se ve limitado cuando dichas tareas se han diseñado de manera que no existe cabida para la creatividad, la interacción, la comunicación y la aplicación de nuevas tecnologías.

El desarrollo del liderazgo, a cualquier nivel, se inhibe cuando las normas y lineamientos que rigen la forma de hacer las cosas encajonan la acción de los individuos, cuando no permiten que el empleado, cualquiera que sea su función, aplique su capacidad para cambiar lo que sea necesario y cuando los sistemas de reconocimiento y recompensa no son acordes a las metas y objetivos que se desea alcanzar.

Algunas de las características que destacan a los líderes ya sean personas, equipos u organizaciones son las siguientes:
- disponen de recursos adecuados para realizar su trabajo,
- cuentan con apoyo para desarrollar y mantener las competencias necesarias para conservarse a la cabeza, para hacer que aflore lo mejor de la gente, para cultivar y sostener un verdadero capital intelectual,
- utilizan métodos para involucrar a todos sus integrantes,
- ponen en práctica tecnologías de punta integradas a sus procesos educativos, y
- sobre todo, implementan una administración total de la calidad.

La administración está en posibilidad de tener un sistema de calidad total cuando cuenta con personal capaz de guiar y dirigir a las personas que se encuentran a su cargo. Entonces el personal docente está en condiciones de ejercer un liderazgo en el ramo a todos los niveles.

Estrategias para desarrollar el liderazgo

Algunas de las cualidades que necesita un docente para desarrollar un liderazgo eficaz son: pensar por su cuenta, desempeñar sus tareas con energía y entusiasmo, aceptar el compromiso como algo que va más allá de su interés personal y tener el valor para defender sus creencias.

La capacidad de liderazgo aplicable a la vida personal y profesional se puede desarrollar a través de ejercicios de auto evaluación, capacitación o con proyectos para perfeccionar destrezas.

Para desarrollar la capacidad de liderazgo en el individuo primeramente se debe determinar cuáles son las características para ejercer el liderazgo que actualmente posee el personal docente y cuál es el nivel que se desea alcanzar. Para esto, con la finalidad de impulsar el desarrollo de la capacidad de liderazgo del docente, hay que promover que trabaje en una auto evaluación para que pueda darse cuenta por sí mismo de cuáles son sus áreas de oportunidad o estilos de liderazgo preferidos y motivarlo para que se comprometa con su desarrollo hacia la obtención de estilos de liderazgo efectivos.

Enseguida, pueden considerarse como benéficos aquellos talleres de liderazgo que proporcionan a los participantes un escenario para representar roles de líderes y descubrir los resultados derivados de los diferentes estilos de liderazgo lo cual, además, les permite desarrollar, en cierta forma, sus capacidades individuales.

Por último, en el trabajo cotidiano es posible fijar ciertos proyectos o asignaciones que impliquen la práctica del liderazgo. Estos proyectos o asignaciones deben ser parte de un plan de desarrollo personal para todos aquellos empleados que lo requieran. Afortunadamente, debido a la naturaleza de su trabajo, el docente cuenta con oportunidades para ejercer la práctica de su capacidad de liderazgo en sus grupos de alumnos y en las academias en las que participa.

Es importante siempre, sea cual sea el ejercicio, practicar esta competencia en la vida personal y profesional. El liderazgo requiere práctica y experiencia activa así como una exploración y un desarrollo personal intenso. La generación de una sinergia en la organización dirigida hacia el desarrollo de la competencia de liderazgo facilitará que las personas alcancen un grado de dominio como líderes.

Maestros opinan sobre el liderazgo

1. **¿Qué tan buen líder considera que debe ser un docente?**
   - El maestro debe de ser muy buen líder para ganarse la confianza y respeto de sus alumnos.
   - El docente debe ser un buen líder, muy eficiente y muy dinámico como defensor de las causas justas.
   - Es importante que el maestro se comporte como un líder en el campo de la docencia para motivar a sus alumnos para el aprendizaje.
   - El docente debe ser muy bueno como líder para que tome el control de su clase y que los alumnos le obedezcan, inspire confianza y rompa algunas barreras de comunicación que se dan tan comúnmente entre maestro y alumno, porque todo esto redundará en un mejor proceso de enseñanza-aprendizaje y en un mayor deseo de los estudiantes de pertenecer a la institución.

2. **¿Cuáles son las consecuencias de poseer o no la capacidad de liderazgo?**
   - Si los líderes no cuentan con la capacidad de convencer a todos para trabajar hacia una misma visión se enfrentará con problemas de actitud y ambiente en sus seguidores. Cuando se encuentran con personas a las que no les parece que ellos estén adoptando ese rol

ni que estén dirigiendo al grupo, implica que aunque sean señalados como líderes, en realidad no tienen la capacidad de liderazgo.
- Consecuencias de poseer la capacidad de liderazgo: un adecuado manejo de la gente, buena comunicación y alcance de objetivos. Consecuencias de no tener capacidad de liderazgo: el docente se convierte en jefe que ordena y manda sin saber si la persona puede o quiere. Eso incita a que el alumno sea rebelde o, en un determinado caso, pierda el interés en lo que está haciendo.
- Si una persona cree ser líder pero no tiene liderazgo está siendo egoísta y no toma en cuenta a su gente, ni lo que piensa, ni como se siente. Los compañeros o alumnos la obedecerán porque tiene la autoridad formal pero sin sentir satisfacción por el trabajo realizado.
- La capacidad de liderazgo impacta directamente en el comportamiento del alumno y en su interés de aprender más.

3. **¿Qué actividades considera que sirven para desarrollar el liderazgo en el docente?**
    - El liderazgo en el docente se desarrolla mediante cursos de capacitación o sensibilización, seminarios y diplomados encaminados a forjar esta cualidad.
    - Otras actividades que ayudan a desarrollar esta facultad son: cursos de oratoria, pláticas motivacionales, actividades en equipo, debates y mesas redondas, entre otras.
    - Primero que nada debe asistir a un curso de liderazgo. Luego deberá comportarse de manera tal que el alumno no lo perciba como a una persona que lo controla o vigila sino como alguien en quien confiar y a quien le interesa ver cómo aplica sus conocimientos.

- Yo creo que hay que ayudar al docente a que adquiera conciencia sobre su función de líder y a que asista a cursos que sirvan para desarrollar el liderazgo.
- El desarrollo de habilidades de liderazgo aplicables a la vida profesional y personal del docente se logra a través de ejercicios de auto-evaluación, de ejercicios de representación de papeles, de ejercicios para desarrollar destrezas y de formación por modelaje conductual, entre otros.
- Para promover el liderazgo en los empleados se debe, primero que nada, dar un trato justo a todos, posteriormente debe reconocérseles y premiarlos por sus habilidades y méritos y, finalmente, darle a todos igual número de oportunidades de crecimiento y avance, sin discriminación.

Liderazgo
Cuadro sinóptico resumen

Liderazgo	Definición	El liderazgo es un arte y a la vez una habilidad que lleva al individuo a contagiar y motivar a otros hacia el logro de una visión de grupo, lo cual resulta en compromiso, disciplina, pasión y lealtad.
	Objetivos	Influir en las nuevas generaciones y guiarlas hacia un mejor futuro. Inspirar confianza para que las personas alcancen las metas y objetivos personales y organizacionales.
	Importancia	Formar tanto mentes como espíritus de los alumnos. Generar una ventaja competitiva institucional. Romper algunas barreras de comunicación que se dan entre maestro y alumno. Propiciar la satisfacción en el trabajo de los empleados, conservar a los alumnos actuales y captar a nuevos alumnos y atraer alianzas con otras instituciones de prestigio. Contar con un clima organizacional saludable.
	Lo promueven u obstaculizan	La promueven: capitalizar las oportunidades que se generan a raíz de la capacitación y el desarrollo, estructurar tareas y normas con espacio para la creatividad, interacción, comunicación y aplicación de nuevas tecnologías y disponer de recursos adecuados para realizar el trabajo. La obstaculizan: ejercer relaciones inadecuadas entre líder-miembros, estructurar tareas y normas con limitado ámbito de acción y carecer de los recursos suficientes para realizar el trabajo.
	Estrategias para promoverlo	Ejercicios de auto evaluación. Ejercicios de representación de papeles. Proyectos para perfeccionar destrezas. Motivar a los docentes para que se comprometan con su desarrollo hacia la obtención de estilos de liderazgo efectivos. Talleres de liderazgo. Fijar proyectos o asignaciones que impliquen la práctica del liderazgo.

Actividades para desarrollar competencia en el liderazgo

Meditación analítica

Busque un lugar tranquilo, asegúrese de usar ropa cómoda y seguir los siguientes pasos:
1) Respiración profunda
2) Relajar el cuerpo
3) Aquietar la mente
4) Análisis

1) Respiración profunda
Sentado cómodamente, trate de mantener la espalda recta y relajada, inhale profundamente (distendiendo el abdomen) y exhale con fuerza en tres ocasiones. Al inhalar imagine que se respira quietud y al exhalar imagine que sale toda tensión y cansancio del día.

La atención debe conservarse en la respiración. Trate de mantener un ritmo uniforme y tranquilo. Repita 21 veces de esta manera.

2) Relajar el cuerpo

Recorra mentalmente su cuerpo y trate de relajar concientemente cualquier parte que se encuentre tensa. Si tiene dificultad para relajarse, empiece por tensar y relajar cada parte del cuerpo, inicie por los dedos de los pies y termine por la cara y la cabeza.

3) Aquietar la mente

Imagine que está en su lugar favorito y que su mente es un apacible lago. Cualquier pensamiento lo puede perturbar y provocará movimiento en su superficie por lo que a cualquier pensamiento o recuerdo se le permite que llegue, que pase y que se vaya amablemente. Mantenga esta actitud por unos minutos.

4) Análisis

Empiece por revivir su actitud y comportamiento cotidiano en el aula con sus alumnos o en otras actividades con sus compañeros de trabajo. Mientras recuerda no preste atención a lo que las otras personas decían o hacían, sino a lo que usted pensaba, decía, hacía y sentía en ese momento.

Reflexione

Ponga atención especial en cómo usted ejerce el liderazgo.

Reflexione

Observe la forma en que su estilo personal de liderazgo influyó en lo que dijo o hizo y a la vez, cómo contribuyó lo que usted dijo o hizo a que se generara determinada situación con las demás personas involucradas.

Reflexione

Usualmente creemos percibir las situaciones de manera objetiva, consideramos percibirlas acertadamente. Pero normalmente, las vemos a través de filtros de la perspectiva connatural de acuerdo a las propias necesidades.

Reflexione

Ahora regrese a la manera en que interpretó la situación y pregúntese ¿De qué otra forma podría haber ejercido el liderazgo en esa situación? ¿Cómo sería si se viera desde la perspectiva de la otra persona, de sus necesidades, de sus preocupaciones?

Reflexione

Determínese a estar más atento a la forma en que ejerce el liderazgo en las situaciones y acontecimientos cotidianos y a poner más atención en su actitud y comportamiento. Hágase conciente de su falta de flexibilidad mental. Decida tratar de ver los eventos de una manera más amplia, compasiva y con una mente abierta.

Análisis de películas

Vaya al cine, rente o compre películas en las que se desarrollen eventos de liderazgo individual o de equipo. Observe cuidadosamente el impacto que tienen tanto la actitud como el comportamiento de los líderes en quienes les rodean.

Escriba aquellas actitudes y comportamientos que a usted le gustaría desarrollar para ejercer mejor su liderazgo individual o de equipo. Determine cuáles actividades específicas necesita emprender para lograrlo.

Experimente el liderazgo docente

Diseñe actividades para sus alumnos, a la luz de aplicar los diferentes estilos del liderazgo situacional de Hersey y Blanchard: Ordenar, Vender, Participar y Delegar.

Forme equipos en función de las siguientes características de los alumnos: capacidad, disposición y seguridad. Asigne proyectos por equipos y aplique el estilo de liderazgo que corresponda a cada caso.

Ordenar: El líder ordena cuando existe una alta orientación a la tarea y una baja relación a la gente. Normalmente este estilo se utiliza cuando el personal es incapaz, inseguro o se encuentra indispuesto. La forma de ordenar es: ejercer la autoridad, establecer una comunicación unilateral y determinar los roles de los subordinados, quienes deben de ejecutar lo que se les ordena.

Vender: El líder vende cuando existe una alta orientación a la tarea y, a la vez, una alta orientación a la gente. Se utiliza este estilo cuando el personal es incapaz o se encuentra indispuesto. La forma de vender es: convencer a los seguidores acerca del qué, cuándo, cómo, dónde y quién, a la vez que conserva el control de las actividades y decisiones, establece una comunicación abierta y proporciona apoyo emocional y reconocimiento a los subordinados.

Participar: El líder hace participar cuando existe una alta orientación a la gente y una baja orientación a la tarea. Este estilo se utiliza normalmente cuando el personal es capaz, confiado y no dispuesto. La forma de hacer participar es: permitir que los subordinados contribuyan a determinar el qué, cuándo, cómo, dónde y quién y otorgar reconocimiento y apoyo socio-emocional de acuerdo a las necesidades del grupo.

Delegar: El líder delega cuando existe una baja orientación a la gente y una baja orientación a la tarea. Se utiliza este estilo cuando el personal es capaz, seguro y cuenta con disposición. La forma de delegar es: dejar al grupo en libertad para decidir qué, cuando, cómo, dónde y quién y supervisar solamente los resultados.

Analice los resultados de la aplicación de su estilo de liderazgo en cada situación y experimente nuevamente una vez realizados los cambios que crea necesarios.

Contribución institucional

La competencia de liderazgo del personal puede ser desarrollada por las instituciones educativas a través de promover prácticas organizacionales tales como:
- Elegir cuál es el estilo de liderazgo por el que la institución desea ser reconocida durante una reunión participativa del personal clave de la organización. Proporcionar capacitación a todo el personal en dicho estilo de liderazgo, modelar y promover su aplicación.
- Instituir un reconocimiento especial al personal que se distinga por su liderazgo, ya sea por áreas, academias o por actividades.
- Formar un grupo de investigadores que a través de sus estudios contribuyan al liderazgo y ventaja competitiva de la institución.

La Negociación

Es posible conseguir algo luego de tres horas de pelea, pero es seguro que se podrá conseguir con apenas tres palabras impregnadas de afecto.

Confucio

La tontería

Hace mucho tiempo, en un lugar muy lejano, había un comerciante llamado Pedro que era muy honesto. Siempre fijaba el precio justo para cualquier cosa que quisiera comprar o vender.

Algunas ocasiones le tocaba negociar con mercaderes de otros países y eso era difícil para él porque no conocía sus costumbres y no podía determinar si el precio era el justo y si ambos obtenían la utilidad que deseaban. No quería pagar de más cuando compraba y no quería vender por lo que pensaba no era suficiente, así es que decidió contratar un valuador de mercancías extranjeras.

Según Pedro todo marchaba bien con su nuevo valuador por lo que le pagaba excelentes comisiones. Un día llegó un amigo suyo que había estado de viaje en tierras lejanas y le comentó que su fama de negociante avaro se había difundido ampliamente y que en los países en donde había estado de viaje los mercaderes ya no deseaban comerciar con él.

Cuando el honesto Pedro descubrió que el valuador que había contratado compraba a precios bajos y vendía a precios altos quedándose con las ganancias ¡y todo esto en su nombre!, decidió que debía darle una lección ejemplar en la primera oportunidad que tuviera.

No pasó mucho tiempo cuando llegó a la ciudad un comerciante de plantas raras y exóticas. Pedro pidió al valuador que hiciera la negociación para comparar todo el lote de tan bellas plantas. Le dio tiempo para que no sospechara de nada, pero él por su parte se entrevistó con el comerciante para investigar cuál había sido el precio que el valuador había fijado.

Por supuesto que el comerciante de plantas raras y exóticas estaba muy enojado. Pero no podía hacer nada en ese momento puesto que para cuando llegara a su siguiente destino comercial ya habría pasado la mejor época para vender sus mercancías. El honesto Pedro platicó con este comerciante, le planteó el ardid del valuador y le pidió su colaboración para darle su merecido, a lo cual el comerciante accedió gustoso.

Siguiendo el consejo de Pedro el comerciante de plantas raras y exóticas fue con el valuador, le llevó un regalo y le dijo "me siento muy complacido por el negocio que hemos realizado. ¿Puedes por favor convencer al comerciante que representas de que me venda la cuadra de caballos que tiene y al final de todo el negocio ajustamos cuentas?" El avaricioso valuador dijo "claro, ¿por qué no? Yo lo convenceré de que te proporcione un buen precio."

Al día siguiente llegó el valuador con la cuadra de caballos. El comerciante de plantas se encontraba en la biblioteca donde lo recibió y le dijo "espérame aquí mientras voy a inspeccionar la cuadra y regreso para finiquitar el trato." El valuador estaba sumamente contento y confiado. "¡Qué buen negocio he realizado con este extranjero!" pensó.

El comerciante no tardó en regresar y mostrando sumo enojo dijo: "¡Por qué tonto me has tomado! No trajiste la cuadra de caballos y ¡te has quedado con mis plantas!" El valuador salió corriendo y, efectivamente, vio que no había ningún caballo ahí. Trató de explicarse, pero no pudo.

Conforme a lo acordado con el comerciante Pedro había tomado la cuadra de caballos mientras el otro recibía y entretenía al valuador en su biblioteca.

El tonto valuador había caído en la trampa y tuvo que pagar la cuadra de caballos a Pedro. El valuador aprendió la lección y en lo sucesivo procuró hacer negociaciones justas.

Moraleja: *Tarde que temprano la verdad sale a flote.*

La negociación

La negociación forma parte de la vida diaria por lo que su práctica es de primordial importancia tanto para los individuos como para toda organización. En el ambiente de una institución educativa la negociación está presente día a día en sus diferentes procesos y la manejan todas y cada una de las personas que la conforman (administradores, personal docente, personal no docente, alumnos y padres de familia entre otros).

"La negociación es el elemento central de todo sistema de relaciones sociales y es necesaria para resolver las disputas que puedan enfrentar las partes involucradas a la hora de conseguir sus objetivos o satisfacer necesidades" (Pérez 2006, p. 153). La negociación generalmente se constituye de un proceso de ajuste de expectativas, que es resuelto a través del diálogo de las partes, para gradualmente llegar a una satisfacción de los distintos intereses.

La negociación es el proceso por el cual dos o más partes interesadas intercambian bienes y servicios, resuelven conflictos, acuerdan pautas de intercambio y buscan obtener los resultados que les interesan. La negociación es considerada como una forma alternativa para la solución de diferencias y relevante en la toma de decisiones.

Importancia de la negociación en el docente

La negociación acompaña al individuo en toda su vida, incluso al incorporase al ambiente laboral una persona negocia su salario, prestaciones y condiciones de trabajo. Durante su actividad profesional el docente debe saber negociar con sus superiores, colegas y alumnos para lograr los objetivos de su función. Pero también será determinante su aptitud para relacionarse con representantes sindicales, proveedores, clientes, entidades financieras y otras autoridades, cuando se encuentre involucrado en tales situaciones.

La competencia para negociar es de obvia importancia para quien trabaja dentro de una organización, por la necesidad que tiene de resolver opiniones dispares de una forma satisfactoria en la que ambas partes salgan beneficiadas. Para que una persona sea exitosa al negociar deberá conocer las necesidades de la otra persona e intentar la interpretación de sus sentimientos, es decir, buscar la empatía para tener éxito y evitar ejercer presión sobre el atributo emotivo de la otra parte.

El éxito en la negociación y el ambiente laboral que se genera a su alrededor dependerá directamente de la habilidad que el docente tenga para negociar un objetivo o propuesta establecida. El conocimiento de lo que se pretende lograr y de la persona con la que se negocia determinan las opciones para llegar a un acuerdo.

Los docentes deben ser buenos negociadores porque en su labor cotidiana se enfrentan con circunstancias que así lo requieren. Por ejemplo cuando:

- surgen jurisdicciones ambiguas que se tienen que delimitar para poder alcanzar las metas institucionales,
- existen grupos de poder que se asocian para pugnar por una determinada manera de hacer las cosas,
- aparecen barreras de la comunicación entre la planta docente debido a la diversidad cultural o a otros factores,
- existen conflictos personales preexistentes que no se resolvieron en su oportunidad, o

- se lucha contra el conflicto de intereses personales involucrados en las decisiones.

Aspectos que promueven u obstaculizan el desarrollo de la competencia de negociación del docente

Cuando se desarrolla una negociación es posible que los resultados de la misma nos lleven a tres situaciones, ganar-ganar, ganar-perder o perder-perder. Cada una de estas opciones es generada por los perfiles de la personalidad de los involucrados en la negociación. En algunas ocasiones los resultados son óptimos y en otras trae como consecuencia que las partes no quieran seguir negociando y pueden dejar insatisfechos, agotados e incluso enemistados a quienes participan en la negociación.

La personalidad de los negociadores influye de forma determinante en todo proceso de negociación pues una persona que disfruta de ganar, incluso a costa de que la otra parte pierda, generará a su alrededor un ambiente tenso que hará a los demás evadir la relación con ella. Cada persona cuenta con capacidades distintivas que deben aplicarse correctamente en el proceso de negociación para no caer en el conflicto o llegar al desacuerdo.

Los individuos que gustan de las relaciones ganar-ganar generan ambientes amistosos y el deseo de volver a negociar en futuras ocasiones. Los resultados que las personas tienen de sus negociaciones sientan precedentes acerca de su comportamiento y estilo para manejar las situaciones al momento de negociar. Estos precedentes pueden funcionar a favor o en contra del clima propicio para las negociaciones futuras por lo que en todos los casos es preferible una negociación ganar-ganar.

Ante la perspectiva de una negociación es importante prepararse con información, datos y hechos relevantes e incluso preparar formatos, contratos o documentos impresos que establezcan la validez y credibilidad de los acuerdos.

Para manejar una negociación exitosamente hay que considerar aspectos como el análisis, la proyección y la discusión e incluso la posibilidad de contar con un mediador o árbitro con poder de intervención, mas no de decisión, para aquellas situaciones que se visualizan como de alto grado de dificultad.

Es más difícil alcanzar resultados positivos si los negociadores, aún cuando tengan muy buena voluntad, no cuentan con las habilidades necesarias para negociar. Estas habilidades consisten en ser buen organizador, conocer en profundidad los temas que se van a tratar, saber comunicarse asertivamente, ser paciente, saber persuadir, mostrar seguridad en sus argumentos, comprensión y flexibilidad ante las posturas y propuestas de la parte contraria y tratar de lograr un acuerdo ganar-ganar.

Para promover las buenas negociaciones es conveniente desarrollar estrategias que generen resultados positivos. Por ejemplo:

- Recopilar y proporcionar información para tratar de asegurar que la negociación llegue a un resultado positivo.
- Analizar todos los aspectos de las posiciones opuestas con objeto de tratar de encontrar una solución de compromiso.
- Encontrar los intereses o principios que han motivado las posiciones.
- Buscar el mayor número de posibles opciones y definir criterios objetivos para evaluar las opciones que se encontraron.

Estrategias para desarrollar la competencia de negociación

Aunque cada persona es responsable de adquirir la competencia para negociar las instituciones deben procurar su desarrollo a través de cualquier medio puesto que, a final de cuentas, éstas son las más beneficiadas. Quien no sepa negociar o tomar una decisión para que ambas partes queden satisfechas se verá en problemas en muchas ocasiones.

Para desarrollar la competencia de negociación primero hay que determinar cuál es el estado actual de esta competencia en los docentes y cuál es el estilo que ellos prefieren para sus negociaciones.

Las instituciones que quieran información acerca de la capacidad de negociación de su personal deberán seguir ciertas recomendaciones de las cuales las más importantes son la aplicación de tests, la práctica de ejercicios de reflexión que conduzca al mejor conocimiento personal y al descubrimiento de las características individuales y la determinación de las características negociadoras específicas de los maestros para fomentarlas o utilizarlas de manera adecuada.

Posteriormente, habrá que establecer cuáles son los espacios y oportunidades de negociación en las que el docente estará aplicando su competencia. No es suficiente que la persona reciba capacitación y entrenamiento, es necesario que se vea involucrada en situaciones que demanden practicar esta habilidad.

El trabajo en equipo es una de las estrategias que han implementado las instituciones educativas para desarrollar la habilidad de negociación del docente. Sin embargo, la mejor oportunidad para que el docente desarrolle esta habilidad es la de generar aspectos susceptibles de ser negociados con sus alumnos, en los que deberá no sólo tomar una actitud de ordeno y haces, sino que deberá ofrecer las alternativas de aprendizaje disponibles y negociar la más adecuada en cada situación.

La generación de estas oportunidades para negociar con los alumnos desarrolla la competencia no sólo del docente sino también de los alumnos. Si se llevan a cabo encuestas se puede medir si los alumnos llegan a buenos acuerdos con el maestro y si el maestro también logra buenos acuerdos con ellos, así como cuantificar el grado en el cual se llegan a cumplir dichos acuerdos por las dos partes.

La finalidad de cada objetivo marcado y de cada proyecto es una buena base para evaluar la efectividad de negociación entre las partes. Una vez que se ha establecido un convenio, acuerdo o pacto para la negociación, es importante definir en qué momento de la negociación (durante el transcurso del proceso o al final) se hará la evaluación para medir su eficacia.

Maestros opinan sobre la negociación

1. **¿Qué tan importante es la competencia para negociar del docente?**
   - Es muy importante ya que los docentes negociamos continuamente en particular con los alumnos y con los directivos en diferentes circunstancias.
   - Es elemental que los docentes sean buenos negociadores porque se requiere llegar a acuerdos justos con los alumnos. Los docentes deben ser buenos negociadores para convencer a los alumnos de su metodología y que estos queden conformes con lo expuesto.
   - El docente debe ser un buen negociador para poder lograr un buen ambiente en el salón de clase y que los alumnos aprendan. Si el docente no es un buen negociador, los alumnos no van a trabajar a gusto en la clase y por lo tanto no la aprovecharán igual que si se sintieran cómodos. El docente debe saber cómo negociar con ellos para que tomen interés por la materia y aprendan de manera atractiva.
   - Es muy importante que el docente posea la competencia para negociar, más que en convencer, para llegar a un acuerdo en donde los estudiantes se muestren interesados por los temas expuestos y para que exista la retroalimentación porque es entonces cuando se puede dar el proceso de negociación ya que las dos partes estarán externando sus consideraciones y puntos de vista.

- Es muy importante que el docente posea la habilidad de negociación para poder resolver los conflictos que se le presenten en el día con día. El docente negocia con los alumnos, sus colegas y con sus superiores, por lo tanto es de suma importancia que posea la habilidad de negociación para tomar la posición adecuada en cada uno de los casos.

2. **¿Cuáles son las consecuencias de no poseer la competencia de negociación?**
    - Las consecuencias de no saber negociar pueden ser que no se cumpla con la meta propuesta, que no se logre que la otra parte pueda realizar las acciones necesarias para alcanzar la meta. Esto afectará en la eficacia del docente en sus tratos con los alumnos y con los demás integrantes del plantel.
    - El maestro que no sabe negociar pierde credibilidad cuando el alumno piensa que éste cambia o no cumple lo inicialmente expuesto y en consecuencia se presentan actos de rebeldía como platicar con sus compañeros, distraerse, inasistir a clase o dormirse.
    - Cuando el negociador no muestra seguridad en sus argumentos pierde la negociación. Si el docente no tiene la habilidad suficiente y un dominio total para negociar puede perder el control del grupo y esto lo llevará a tener un fracaso en las metas deseadas.
    - No poseer la habilidad de negociación puede acarrear frustración al docente al no conseguir acuerdos con los alumnos o con la administración.
    - No poseer la habilidad de negociación le afecta al docente en su proceso de enseñanza-aprendizaje porque pierde tiempo al no poder ponerse de acuerdo con los alumnos cada vez que se presenta un conflicto o desacuerdo. Además, si no sabe como negociar con la di-

rección se ve limitado en los recursos que necesita para poder desempeñar eficaz y eficientemente su trabajo.

3. **¿A través de qué actividades considera que se puede desarrollar la competencia de negociación en el docente?**
   - Las habilidades de negociación del docente se pueden desarrollar a través de capacitación y experiencia. La capacitación del docente en habilidades de negociación puede ser por medio de cursos, conferencias y seminarios además de la práctica. La experiencia se da a través de actividades en las que se requiere negociar.
   - Se puede desarrollar la capacidad de negociación al inicio del semestre cuando se plantean los puntos de interés y temas de la materia a los alumnos.
   - Pienso que en la actualidad nos encontramos en una negociación constante en nuestras vidas y, como cada quien desarrolla sus habilidades según su personalidad, habría que determinar, en forma individualizada, cuáles actividades son más conducentes para que cada quien desarrolle su competencia de negociación.
   - Una estrategia podría ser dar a conocer a los docentes las distintas actividades susceptibles de negociar dentro del aula. Este conocimiento les permite, de cierta manera, tomar una posición de negociación con los alumnos ya que el docente les puede presentar las diferentes opciones para aprender un tema de interés y negociar con ellos para llegar a un acuerdo en cuanto a cómo se llevará el aprendizaje del tema.
   - En el caso de la institución, una manera de desarrollar esta habilidad en los docentes es a través de poner al alcance de los mismos una maestría, la cual le permitirá desarrollar ésta y otras habilidades para que puedan aplicarlas a su vida en general.

Negociación
Cuadro sinóptico resumen

Negociación	Definición	La negociación es el proceso por el cual dos o más partes interesadas intercambian bienes y servicios, resuelven conflictos, acuerdan pautas de intercambio y buscan obtener los resultados que les interesan.
	Objetivos	Resolver las disputas que puedan enfrentar las partes involucradas a la hora de conseguir sus objetivos o satisfacer necesidades. Resolver opiniones dispares de una forma satisfactoria.
	Importancia	Impacta en la realización del objetivo o propuesta establecida y en el ambiente laboral que se genere a su alrededor. Contribuye a delimitar jurisdicciones ambiguas, resolver pugnas entre grupos de poder, eliminar barreras de comunicación y resolver conflictos personales y conflictos de intereses.
	La promueven u obstaculizan	La promueven: perfil ganar-ganar de los negociadores, buenos precedentes de los resultados que las personas tienen de sus negociaciones, prepararse con información, datos y hechos relevantes, analizar todos los aspectos de las posiciones y centrarse en los intereses o principios que han motivado las posiciones. La obstaculizan: perfil ganar-perder de los negociadores, falta de habilidad de los negociadores y no manejar adecuadamente el proceso de negociación.
	Estrategias para promoverla	Determinar cuál es el estado actual de esta competencia en los docentes para llevarlos al nivel deseado. Establecer espacios y oportunidades de negociación para aplicar la competencia. Evaluar la efectividad de las negociaciones.

Actividades para desarrollar competencia en la negociación

Meditación analítica

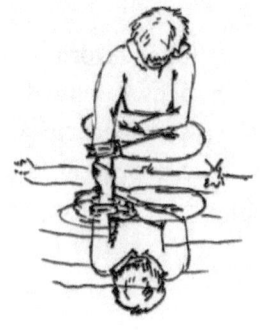

Busque un lugar tranquilo, asegúrese de usar ropa cómoda y seguir los siguientes pasos:
1) Respiración profunda
2) Relajar el cuerpo
3) Aquietar la mente
4) Análisis

1) Respiración profunda
Sentado cómodamente, trate de mantener la espalda recta y relajada, inhale profundamente (distendiendo el abdomen) y exhale con fuerza en tres ocasiones. Al inhalar imagine que se respira quietud y al exhalar imagine que sale toda tensión y cansancio del día.

La atención debe conservarse en la respiración. Trate de mantener un ritmo uniforme y tranquilo. Repita 21 veces de esta manera.

2) Relajar el cuerpo

Recorra mentalmente su cuerpo y trate de relajar concientemente cualquier parte que se encuentre tensa. Si tiene dificultad para relajarse, empiece por tensar y relajar cada parte del cuerpo, inicie por los dedos de los pies y termine por la cara y la cabeza.

3) Aquietar la mente

Imagine que está en su lugar favorito y que su mente es un apacible lago. Cualquier pensamiento lo puede perturbar y provocará movimiento en su superficie por lo que a cualquier pensamiento o recuerdo se le permite que llegue, que pase y que se vaya amablemente. Mantenga esta actitud por unos minutos.

4) Análisis

Empiece por revivir su actitud y comportamiento cotidiano en el aula con los alumnos o en otras actividades con los compañeros de trabajo en las cuales se involucra la necesidad de negociar. Mientras recuerda, no ponga atención a lo que las otras personas decían y hacían, sino a lo que usted pensaba, decía, hacía y sentía en ese momento.

Reflexione

Ponga atención especial en cuál es su inclinación en particular, cuando de negociar se trata. ¿Le gusta competir, colaborar, transigir, complacer o evadir, para llegar a un acuerdo?

Reflexione

Observe la forma en que su personalidad influyó en lo que se dijo o hizo y cómo contribuyó lo que se dijo o hizo a que se generara un acuerdo de ganar-ganar entre las demás personas involucradas.

Reflexione

Usualmente creemos percibir las situaciones de manera objetiva, consideramos percibirlas acertadamente. Pero normalmente, las vemos a través de filtros de la perspectiva connatural de acuerdo a las propias necesidades.

Reflexione

Ahora regrese a la manera en que interpretó la situación y pregúntese ¿De qué otra forma podría haber contribuido a que se desarrollara una negociación ganar-ganar? ¿Cómo sería si viera esa situación desde la perspectiva de la otra persona, sus necesidades, sus preocupaciones?

Reflexione

Determínese a estar más atento a la forma en que negocia en las situaciones y acontecimientos cotidianos, a poner más atención en su actitud y comportamiento. Hágase conciente de su falta de flexibilidad mental. Decida tratar de ver los eventos de una manera muy amplia, compasiva y con una mente abierta.

Análisis de películas

Vaya al cine, rente o compre películas en las que se desarrollen eventos que involucran negociación. Observe cuidadosamente la actitud y comportamiento de los participantes en la misma y analice el impacto que tienen en su entorno.

Escriba aquellas actitudes y comportamientos que a usted le gustaría aplicar para desarrollar la competencia de negociación en su vida cotidiana. Determine cuáles actividades específicas se necesitan para lograrlo.

Experimente con negociación

Diseñe actividades para los alumnos que involucren la necesidad de negociar, ya sea entre ellos mismos o entre usted y ellos.

El inicio del periodo escolar es una buena oportunidad para negociar con los alumnos la metodología de enseñanza o las evaluaciones periódicas.

Al encargar un proyecto especial provoque que, antes de iniciar el trabajo, los alumnos negocien entre ellos la forma en que se llevará a cabo y quién se encargará de cada parte.

Analice los resultados de las diferentes ocasiones en que negoció. ¿Se dio una negociación ganar-ganar, ganar-perder o perder-perder? Experimente con las diferentes formas de negociar y compare los resultados obtenidos.

Contribución institucional

Las instituciones educativas pueden desarrollar la competencia para negociar de su personal con prácticas organizacionales como:
- Solicitar al personal de cada academia que desarrolle, por consenso, un programa anual de actividades que promuevan el desarrollo de competencias docentes.
- Establecer juntas periódicas para revisar y programar una solución a las situaciones que propician conflicto entre los empleados, tales como jurisdicciones ambiguas, conflicto de intereses, incumplimiento de acuerdos, necesidad de consenso y mantener conflictos anteriores no resueltos.
- Organizar foros para la exposición de experiencias docentes sobre la aplicación del proceso de negociación y los resultados obtenidos.

Glosario

Acción: Acto que se ejecuta o realiza.
Actitud: Postura que se sostiene ante ideas u objetos determinados.
Actividad: Dinamismo de los actos realizados.
Ambiente: Conjunto de elementos naturales, materiales o de interacción que caracterizan un espacio.
Aprendizaje: Proceso de asimilación de información que lleva a cambios relativamente permanentes en actitudes y comportamientos.
Atención: Cuidado y esmero que se coloca en eventos o fenómenos internos o externos.
Auto conocimiento: Aplicación hacia el estudio y adquisición de información de nosotros mismos.
Autoridad: Poder que se tiene sobre una jurisdicción para establecer el qué, cómo, cuándo, dónde, quién y por qué ha de hacerse algo.
Auto estima: Aprecio del valor propio como persona.
Capacitación: Hacer apto al individuo para realizar alguna cosa.
Capital intelectual: Patrimonio de erudición que poseen los individuos.
Carisma: Atractivo que distingue a la personalidad de un individuo.
Clima: Atmósfera generada por el conjunto de actitudes e interacciones que se dan entre los individuos.

Cognoscitivo: Capacidad intelectual para conocer o comprender ideas o experiencias.
Competencias: Conjunto de capacidades que posee un individuo que le dan la suficiencia para realizar una labor.
Compromiso: Convenio a través del cual se contrae una obligación o responsabilidad.
Comunicación: Intercambio de mensajes verbales o no verbales a través de los cuales se intenta transmitir un significado.
Conceptualizar: Abstraer un concepto o idea basándose en experiencias.
Confianza: Seguridad que se tiene en el resultado de acontecimientos o comportamientos de las personas.
Conflicto: Situación que surge de una diferencia en la percepción de los individuos con respecto a una situación o evento en particular.
Conjunto: Elementos o individuos unidos por un vínculo común.
Conocimiento: Información adquirida a través del estudio o vivencia personal.
Consecuencia: Resultado de la palabra o acción.
Control: Vigilancia y comprobación sobre el avance o realización de una función.
Coordinación: Disposición y acomodo que se realiza para enlazar diversos elementos necesarios para alcanzar las metas y objetivos.
Coordinación de acciones: Proceso de disposición y acomodo de las actividades de diversos miembros de un equipo o diferentes unidades de una organización.
Creatividad: Actividad intelectual que genera algo diferente a lo existente.
Desarrollo: Cambio físico o mental ocurrido al transitar diferentes sucesos o experiencias en la búsqueda de la perfección.

Desarrollo personal: Cambio que acontece en el individuo a través de perfeccionar sus potenciales y trascender sus limitaciones.

Desarrollo Profesional: Cambios que se dan en el intelecto o práctica de un individuo que se traducen en una mejora de su actividad profesional.

Diferencias Individuales: Características físicas o mentales distintivas de cada persona.

Dinámica: Vigor que da rumbo a los acontecimientos. Ejercicio práctico que se aplica con el objetivo de vivenciar los conceptos teóricos.

Diplomado: Estudios realizados con especialistas en un determinado tema, los cuales se llevan a cabo en varias sesiones y por las cuales se recibe un título o diploma.

Disciplina: Conjunto de reglas o métodos involucrados en la realización de una actividad o tarea.

Discriminación: Diferenciación que se hace de un individuo a otro, involucra una segregación o trato de inferioridad.

Docencia: Actividad que practican o ejercen los individuos dedicados a la enseñanza.

Docente: Individuo educado y capacitado para enseñar un asunto, tema, disciplina, materia o ciencia.

Dogmático: Conjunto de principios que se consideran incuestionables o indiscutibles.

Energía: Fuerza y empuje que impulsa al individuo a realizar algo.

Enseñanza: Acto de transmitir conocimientos de un individuo a otro.

Equipo: Grupo pequeño de personas que cuentan con roles claramente definidos y competencias complementarias, con el fin de alcanzar una meta por la que se sienten comprometidos y la cual les genera orgullo.

Estrategia: Cursos de acción seleccionados para alcanzar las metas y objetivos propuestos en el momento oportuno.

Ética profesional: Normas de comportamiento que rigen la actuación de las personas que una misma profesión u oficio.
Formación: Proceso mediante el cual se da forma a la manera de pensar y actuar de los individuos.
Globalización: Concepto de unificación total del mundo o ser compartido por todo el mundo.
Grupo: Conjunto de individuos que encuentra afinidad entre ellos e interactúan libremente para alcanzar un objetivo.
Habilidad: Aptitud, capacidad o competencia para desempeñar una función, puesto o actividad de acuerdo a los estándares establecidos
Hábito: Costumbre o rutina en la realización de una acción con la cual se vuelve familiar el individuo.
Impacto: Efecto que produce un acontecimiento en alguien.
Incentivo: Estímulo o aliciente interno o externo que impulsa a las personas a hacer algo.
Incubación: Proceso de reflexión y espera a que madure una idea o proyecto.
Inhibirse: Retraerse o abstenerse de expresar o realizar algo.
Inmerso: Sumergido, absorto, envuelto.
Innata: Que se cuenta con ella desde el nacimiento del individuo.
Innovación: Proceso del pensamiento que lleva a realizar una actividad, producto o servicio de una forma novedosa.
Integración: Proceso a través del cual se propicia que los integrantes de un grupo se conozcan entre sí y que lleguen a acuerdos de interacción con la finalidad de que se constituyan como equipo.
Integral: Que engloba el total de los elementos que lo constituyen.
Inteligencia: Juicio razonado aplicado a resolver problemas o tomar decisiones.
Interdependencia: Dependencia mutua.

Lenguaje: Conjunto de símbolos organizados y estructurados de forma tal que adquieren significado para los individuos que lo entienden.
Líder: Individuo que ejerce el liderazgo.
Liderazgo: Conjunto de comportamientos que el líder escoge para convencer a otros a que la sigan.
Motivación: Impulso que mueve al individuo a orientar sus acciones a la consecución de una meta u objetivo.
Negociación: Proceso a través del cual las partes involucradas llegan a un acuerdo o convenio que resuelve un conflicto.
Objetivo: Finalidad que se desea alcanzar.
Obstáculo: Impedimento, dificultad, o inconveniente físico o mental, con que se topa el individuo para realizar algo.
Organización: Entidad que integra una serie de recursos materiales, humanos y financieros para cumplir el objetivo para el que fue creada.
Percepción: Impresión que se genera acerca de un fenómeno determinado.
Persistencia: Constancia de propósito o acción, presentada por el individuo para alcanzar una meta en el futuro o llevar a cabo proyectos de larga duración.
Personalidad: Identidad que se presenta a través de la apariencia o comportamiento de un individuo.
Planeación: Proyección de acciones requeridas para lograr las metas y objetivos establecidos.
Principios: Fundamentos que sustentan las proposiciones planteadas.
Proceso: Serie de pasos, actividades o eventos sucesivos que se llevan a efecto para obtener algo.
Productividad: Indicador que refleja la utilización de los recursos asignados para elaborar un producto o proporcionar un servicio.
Productivo: Que es beneficioso o fructífero.

Programar: Determinar la secuencia en que se deben de realizar determinadas actividades.

Recursos: Medios o bienes económicos, materiales, humanos o de información, de los que se dispone para realizar una actividad o alcanzar una meta.

Redefinición: Acción de volver a definir considerando nuevos hechos o elementos.

Retribución: Es la contraprestación que se recibe, moral o material, a cambio de nuestras acciones.

Seminario: Curso o clase impartida por especialistas en la materia, en la que se revisan conceptos teóricos y prácticas sobre un tema determinado.

Sintaxis: Elemento gramatical que determina la forma en que se deben de unir las palabras para formar oraciones.

Sistema: Método o forma de realizar algo. Conjunto de elementos interrelacionados que interactúan entre sí para alcanzar su objetivo.

Socio-cultural: Concerniente al nivel cultural de la sociedad o estrato social.

Subsistema: Sistema que forma parte de un sistema mayor integrado por varios sistemas interrelacionados con diferentes características y especialización.

Subyacente: Que se encuentra incluida o es parte de otra cosa.

Tarea: Asignación que debe ejecutarse en un lapso de tiempo determinado.

Trabajo: Tarea o labor que realiza el individuo.

Valor: Apreciación de lo que para el individuo es bueno y deseable.

Visión: Vislumbre o percepción del futuro.

Visión Sistémica: Capacidad para comprender la relación de interdependencia y de causa y efecto de todos los elementos existentes dentro y fuera de un sistema.

Bibliografía

Acevedo, A. *Aprender jugando 2*, 2001, México: Limusa.

Achua, Ch. F. y R. N. Lussier. *Liderazgo*, México: Thomson.

Aguilar, M. C. *Negociación colectiva en el Sistema Normativo Comunitario*, Editorial Lex Nova

Alvarez, J. A. *Las relaciones humanas*, 1992, Editorial Jus.

Aparicio, F. y R.M. González. *La calidad de la enseñanza superior y otros temas universitarios*, 1994, Ice de la Universidad Politécnica de Madrid.

Ardilla, R. *La psicología contemporánea: panorama internacional*, 1972, Buenos Aires: Paidos.

Atherton, J.S. "Competence, Proficiency and Beyond" *Doceo,* [On-line] UK: Available: http://www.doceo.co.uk/background/expertise.htm Accessed: 18 June 2007.

Bateman, T. y S.A. Snell. *Administración, una ventaja competitiva*, 2004, México: Mc Graw Hill.

Bell, A. y D. Smith. *Aprenda a tratar con personas conflictivas*, 2001, Barcelona: Gestión.

Bell, L. y C. Day. *Managing the Professional Development of Teachers*, 1991, Philadelphia: Milton Keynes, Open University Press.

Benedito, V. "Formación permanente del profesorado universitario: reflexiones y perspectivas". Ponencia presentada en las *III Jornadas de didáctica universitaria evaluación y desarrollo profesional*, 1991, Las Palmas de Gran Canaria.

Bertolotto, G. *Programación neurolingüística: desarrollo personal*, 1996, México, DF: Diana.

Bradbury, A. *Programación neurolingüística para el éxito en los negocios*, 2000, México: Panorama.

Bravo, J. Dr. *Hacia la visión sistémica aplicada*, 1992, Chile: Evolución S.A.

Breslow, L. "Strategic Teaching: Thinking about a Handful of Variables Can Make Your Teaching Much More Efficient and Effective," *TLL Library*, Vol. XI, No. 3, January/February 1999, www.web.mit.edu. Accessed: 18 October 2007.

Brito, Ch. *Relaciones humanas*, 1992.

Cabanelas, J. *Dirección de empresas: bases en un entorno abierto y dinámico*, 1997, Madrid, España: Pirámide.

Castellanos, A.R. *La administración escolar para el cambio y el mejoramiento para las instituciones educativas*, 2002, México: UCR.

Chiqui, P. *Como ser un maestro en la negociación*, 1991, México: Granica.

Clegg, B. *Negociación al instante*, 2002, México: Granica.

Cohen, D. y E. Asín. *Sistemas de información para los negocios*, 2005, México, D. F: Mcgraw-Hill.

Cooke, P. "Generating Teacher Leadership", *On Common Ground*: Number 9, Fall 2001, http://www.yale.edu/ynhti/pubs/A22/Cooke.html. Accessed: 18 October 2007.

Cornejo, M.A. *Todos los secretos de la excelencia*, 1999, México.

Cromwel, S. *Team Teaching: Teaming Teachers Offer Tips*, Education World, March 2002, http://www.educationworld.com/a_admin/admin/admin290.shtml. Accessed 18 October 2007

Daft, R.L. *Teoría y diseño organizacional*, 2005, México: Thomson Leraning Ibero.

Daft, R.L. *La experiencia del liderazgo*, Thomson.

Davini, M.C. *La formación docente en cuestión: política y pedagogía*, 1995, Barcelona: Paidós.

Dawson, R. *El arte de la negociación*, 2002, México: Selector.

De Posada J. *Sobrevivir entre pirañas: motivation for success*, Planeta Publishing.

Dean, J. *Professional Development in School*, 1991, Milton Keynes. Open University.

Díaz, J. J. Estrada, M. García y C. Rodríguez. *El trabajo en equipo*, 1988, México, DF: Sistemas Técnicos de Edición.

Douglas, L. Mc., Beltrán, Durán M.E. Mc., García S.G. Mc., Martínez A.M. de L. Mc. y Martínez I. Mes. *Orientación psicológica texto y guía del alumno*, 2004, Monterrey N.L.: Comité Técnico Académico de Orientación

Dubrin, A. J. *Fundamentos de administración*, 2000, México: Internacional Thomson.

Duncan W. J. *Grandes ideas en la dirección de empresas*, 1991, Madrid, España: Díaz de Santos.

Ellis, T. "Motivating Teachers for Excellence". *ERIC Digest Clearinghouse on Educational Management*, Eugene OR. Number Six

Espada, M. *Nuestro motor emocional "la motivación"*, 2005, México: Editorial Díaz de Santos.

Fernández, A. *Creatividad e innovación en empresas y organizaciones*, 2005, España: Díaz de Santos.

Fernández, E. *Estrategia de innovación*, 2005, México: Thomson Learning Ibero.

Fernández, M. *Diccionario de recursos humanos*, 1999, Madrid, España: Díaz de Santos.

Fisher R., W. Ury y B. Patton. *Sí ¡de acuerdo! Cómo negociar sin ceder*, 2001, México: Norma.

Fuentes, M. *Mediación en la solución de conflictos*, 2001, La Habana: Acuario.

Garza, J.G. *Administración contemporánea*, 2003, México: Mc Graw Hill.

Goleman, D. *La inteligencia emocional en la empresa*, 1998, México: Vergara.

González, R.M. "Los recursos humanos en las universidades y su relación con la calidad de la enseñanza". En actas *I Congreso internacional sobre calidad de la enseñanza universitaria*, 1991, Universidad de Cádiz. Ice, Pp. 184-191.

Good, H. y Wilburn, M. "Educación superior: desarrollo del universitario". En House, T. (Ed.) *Enciclopedia internacional de educación*, Vol. 4. Barcelona: Vicens Vives, Pp. 1955-1959. (1989):

Gordon, T. Teacher *Effectiveness Training: The Program Proven to Help Teachers Bring Out the Best in Students of All Ages*, Excerpt with Noel Burch Copyright © 2003.

Guzmán, A. *Maestría personal: cómo hacer de tu vida una obra de arte*, 2002, México: Pax.

H.B.S. *Comunicación efectiva*, 2005, Barcelona, España: Deusto.

H.B.S. *Creatividad e innovación*, 2005, Barcelona, España: Deusto.

H.B.S. *Equipos que triunfan*, 2004, Barcelona, España: Deusto.

Hellriegel, D. y J. Slocum. *Comportamiento organizacional*, 2000, México: Thomson.

Hellriegel, D. y S.E., Jackson. *Administración: un enfoque basado en competencias*, 2005, México: Thomson South-Western.

Hellriegel, D., J. Slocum y R. Woodman. *Comportamiento organizacional*, 1998, México: International Thomson.

Hernández, P. "Formación docente en educación superior: la experiencia de un modelo de intervención", *Contexto Educativo: Revista Digital de Investigación y Nuevas Tecnologías*, N°. 27, 2003.

Hitt M. *Administración estratégica*, 2004, México: Thomson.

Imbernón, F. "La formación docente del profesorado universitario entre la realidad, el deseo y la utopía". *I Congreso internacional: docencia universitaria e innovación*, Barcelona, junio 2000.

Jataka Tales publicadas en Internet por www.buddhanet.net.

Karrass, Ch. *The Negotiating Game*, 1992, New York: Harper Business.

Katzenbach, J. y D. Smith. *Técnicas de trabajo en equipo*, 2002, Buenos Aires, Argentina: Prentice Hall.

Katzenbach, J. y D. Smith. *La sabiduría de los equipos*, 1996, México, DF: CECSA.

Kinicki A. y R. Kreitner. *Comportamiento organizacional*, 2005, México, DF: Mcgraw Hill Interamericana.

Kotter, J. *Qué hacen los líderes*, 2004, España: Gestión 2000.

Laffitte, R. "Evaluación y desarrollo profesional del docente universitario: dos facetas de la mejora institucional", ***III Jornadas de didáctica universitaria evaluación y desarrollo profesional***, 1991, Las Palmas de Gran Canaria.

León, A. ***Estrategias para el desarrollo de la comunicación profesional***, México, D.F.: Limusa.

Lord, B. y B. Miller. ***Teacher Leadership: An Appealing and Inescapable Force in School Reform?***, U.S. Department of Education, March 2000, www.ed.gov/inits/Math/glenn/LordMiller.doc. Accessed: 18 October, 2007.

Lusthaus, Ch., M.H. Adrien, G. Anderson, F. Carden, y G.P. Montalbán. ***Evaluación organizacional***. 2002, Ottawa: IDRC.

Lussier, R.N. y Ch.F. Achua. ***Liderazgo: teoría, aplicación, desarrollo de habilidades***, 2002, México, DF: International Thomson Editores

Lyster, R. "Negotiation in immersion teacher-student interaction", ***International Journal of Educational Research***, 37 (2002) 237-253, http://www.education.mcgill.ca/profs/lyster/Lyster2002 Accessed 18 October, 2007.

Manso, F.J. ***Diccionario enciclopédico de estrategia empresarial***, 2003, México, DF: Díaz de Santos.

Mapcal. ***Gestión y motivación del personal***, 1996, Madrid, España: Díaz de Santos S.A.

Martínez, M., B. Gros y T. Romañá. "La formación de profesores universitarios en su función docente, orientadora y tutorial". Ponencia del ***XVII Seminario interuniversitario de teoría de la educación "La educación universitaria: nuevos retos educativos y tecnológicos"***, 1998, Universidad de Málaga.

Medina, A. y C. Domínguez. **Enseñanza y curriculum para la formación de personas adultas**, 1995, Madrid: Ediciones Pedagógicas.

Medina, A. "Organización de la formación y desarrollo profesional del docente universitario", **V Congreso interuniversitario de organización de instituciones educativas**, Madrid, 10-13 noviembre, Pp. 697-790. 1998.

Mercado, S. **Administración aplicada: teoría y práctica**, 1989, México: Limusa.

Mingorance, P. "Formación del profesorado", **Proyecto docente**, 1993, Universidad de Sevilla.

Muchinsky, P.M. **Psicología aplicada al trabajo**, 2002, Estado Unidos: Thomson Learning.

Ojeda A. y O. Ermida. **La negociación colectiva en América Latina**, Editores Trotta.

Oliveira R. **Teoría de la administración**, Thomson Learning Ibero.

Perea J. **Estrategia, gestión y habilidades directivas**, 1996, Madrid, España: Díaz de Santos.

Pérez, E. **Función directiva y recursos humanos en sanidad**. 2006, Madrid, España: Díaz de Santos.

Pérez J.A. **Fundamentos de la dirección de empresas**, 1996, Ediciones Rialp

Puchol L. **El libro de la negociación**, 2005, Madrid, España: Díaz de Santos.

Robbins, S. **Comportamiento organizacional**, 2004, México: Prentince Hall.

Rodríguez M.L. **Estructura de la negociación colectiva**, La Editorial Lex Nova.

Rodríguez, L. **Diseño: estrategia y tácticas**, 2006, México: Siglo XXI.

Rodríguez, J. *Introducción a la administración con enfoque de sistemas*, 2003, México, DF: Thomson.

Rodríguez, J. *Bases y estrategias de formación permanente del profesorado*, 1997, Huelva: Hergué.

Roque, M. et al. *Comunicación y lenguaje I*, 2007, México: Pearson.

Roqueta, R. *La negociación colectiva en la función pública*, 1996, Valencia: Publ. Universitat.

Sánchez J. M. *Negociación colectiva y código de conducta: diagnóstico y propuestas para los sindicatos*, 2000, International Labour Organización.

Sambrano, J. *Programación neurolingüística para todos: el modelo de la excelencia*, 2000, México, DF: Alfaomega.

Sebnem, S. "Motivation of ESL Teachers", *The Internet TESL Journal*, Vol. XII, No. 1, January 2006, http://iteslj.org/Articles/Suslu-TeacherMotivation.html. Accessed: 18 October, 2007.

Shaffer, D. *Psicología del desarrollo*, 2000, México: Thomson.

Soria, V. *Relaciones humanas*, 2002, México: Limusa.

Soriano, C.L. *Gestión eficaz del trabajo en equipo*, 1998, Madrid, España: Díaz de Santos.

Soto E. *Comportamiento organizacional impacto de las emociones*, 2001, Thomsom Learning Ibero.

Spyros, M. *Estrategia y planificación para el siglo XXI*, 1993, México: Díaz de Santos.

Stark, Peter. *Todo es negociable, manual de tácticas de ganar / ganar*, 1995, México: McGraw-Hill.

Sternberg, R. y T. Lubart, "Creando mentes creativas", *Revista U. de G., Dossier La atención a los niños sobresalientes*, núm. 5, junio-julio, Guadalajara, México, 1996

Stone, D. *Negociación, una orientación para enfrentar las conversaciones difíciles*, 2002, Editorial Norma.

Swanda, J. *Organizational Behavior Systems and Applications*, 1979, USA: Alfred Publishing Co. Inc.

Trejo, E. y A. I. Carrasco, "Maduración y desarrollo personal para el éxito", *Guía LUCES para emprendedores*, http.//www.oadl.dip-caceres.org/GuiaLUCES/es/Contenidos/Capitulos08.htm Acceso en octubre 2007.

Udaondo M. *Gestión de calidad*, 1992, Madrid, España: Díaz de Santos.

UNESCO. *Directrices en materia de calidad de la educación superior a través de las fronteras*, 2005, París, http://unesdoc.unesco.org/images/0014/001433/143349s.pdf. Acceso en octubre 2007.

UNESCO. *Final Report of the 9th. UNESCO / NGO Collective Consultation on Higher Education*, Paris, 6-8 April 2005, http://portal.unesco.org/education/en/ev.php-URL_ID=40002&URL_DO=DO_TOPIC&URL_SECTION=201.html. Accessed 18 October, 2007.

UNESCO. *World Declaration on Higher Education for the Twenty-First Century: Vision and Action and Framework for Priority Action for Change and Development in Higher Education*, 9 October 1998, http://www.unesco.org/education/educprog/wche/declaration_eng.htm. Accessed 18 October, 2007.

UNICEF, "Interdependencia", *Información para enredados*, noviembre 2002, http://www.enredate.org/enredate/actualidad/historico/interdependencia/. Acceso en octubre 2007.

Valdivida, S. "Cómo se forma habitualmente el auto concepto", *Revista digital de desarrollo personal "Ser Feliz"*. Santiago Chile. No 17, 30 septiembre, 1999, www.circuloaleph.com. Acceso en octubre 2007.

Verderber, R.F. y K. Verderber. *Comunícate*, España: Thompson Wadsworth.

Wagner A. John, *Comportamiento organizativo: consiguiendo la ventaja competitiva*, 2004, España: Thomson Learning Ibero.

Warren, J. *Teachers' Professional Development in a Climate of Educational Reform*, U.S. Department of Education, September 1994, www.ed.gov.

White, D.D. y H. W. Vroman. *Action in Organizations*, 1982, USA: Allyn and Bacon Inc.

Whittaker, J. *Psicología*. México, D.F.: Nueva Editorial Interamericana, S.A. De C.V.

Zuber-Skerritt, O. *Professional Development in Higher Education: A Theoretical Framework For Action Research*, 1992, London: Kogan.

Solución de actividades

Sopa de letras de la página 125.

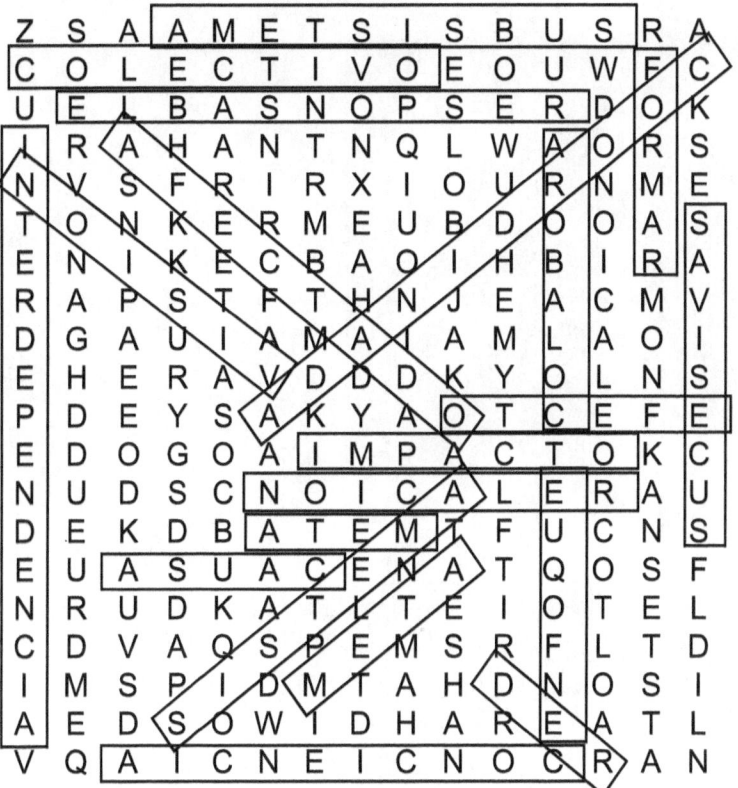

Bajo sospecha de la página 147.

Sospechoso	De	Rasgo	Seguido por
Nacho	Robo	Castaño	30 agentes
Manolo	Secuestro	Delgado	40 agentes
Jesús	Espionaje	Alto	50 agentes
Alberto	Encubrimiento	Calvo	20 agentes
Roberto	Chantaje	Obeso	10 agentes

Índice

Introducción   5

COMPETENCIAS DEL DOCENTE SIGLO XXI

Cuestión de suerte   11

Competencias del docente siglo XXI   13

   ¿Qué competencias debe poseer un docente del siglo XXI?   14

   Competencias académicas   14

   Competencias administrativas   15

   Competencias humano-sociales   17

   Consecuencias de que los docentes no cuenten con las competencias requeridas   18

Cuadro sinóptico resumen   20

DESARROLLO DE COMPETENCIAS

El engaño del canguro   23

Desarrollo de competencias   25

   El desarrollo de competencias   26

Estrategias para desarrollar las competencias de los docentes	26
Estrategias siglo XXI para desarrollar las competencias de los docentes	29
Cuadro sinóptico resumen	33

Desarrollo Personal

El canguro que no se preparó	37
Desarrollo personal	39
El desarrollo personal	40
Importancia del desarrollo personal del docente	41
Aspectos que promueven u obstaculizan el desarrollo personal del docente	42
Estrategias para promover el desarrollo personal	42
Maestros opinan sobre el desarrollo personal	45
Cuadro sinóptico resumen	50
Actividades para generar competencia en el desarrollo personal	51
Meditación analítica	51
Cambio de historia personal	54
Mi héroe favorito	56
Contribución institucional	57

La Motivación

El príncipe Carlos	61
La motivación	63

Importancia de la motivación del docente	64
Aspectos que promueven u obstaculizan la motivación del docente	65
Estrategias para desarrollar la motivación	66

Maestros opinan sobre la motivación   69

Cuadro sinóptico resumen   72

Actividades para desarrollar competencia en la motivación   73

- Cambio en mi vida   73
- Reportaje de motivaciones   75
- Jerarquía de motivadores   77
- Contribución institucional   79

CREATIVIDAD

Agua en el desierto   83

Creatividad   85

- Importancia de la creatividad en el docente   85
- Aspectos que promueven u obstaculizan la creatividad en la labor del docente   87
- Estrategias para desarrollar la creatividad   89

Maestros opinan sobre la creatividad   93

Cuadro sinóptico resumen   97

Actividades para desarrollar competencia en la creatividad   99

- Lluvia de ideas creativas   99

Preguntas creativas	100
Poemas creativos	101
Contribución institucional	102

Visión Sistémica

El maestro carpintero y los duendes	105
Visión sistémica	109
Importancia de la visión sistémica del docente	110
Aspectos que promueven u obstaculizan una visión sistémica en el docente	111
Estrategias para desarrollar la visión sistémica	113
Maestros opinan sobre la visión sistémica	115
Cuadro sinóptico resumen	120
Actividades para desarrollar competencia en la visión sistémica	121
Análisis de interdependencia	121
Creatividad con visión sistémica	123
Sopa de letras	125
Contribución institucional	126

Coordinación de acciones

El joven generoso	129
Coordinación de acciones	131
Importancia de la coordinación de acciones del docente	132

Aspectos que promueven u obstaculizan la
coordinación efectiva de acciones del docente 133

Estrategias para desarrollar la coordinación
de acciones 135

Maestros opinan sobre la coordinación de acciones 137

Cuadro sinóptico resumen 141

**Actividades para desarrollar competencia
en la coordinación de acciones** 143

Enfoque de la atención 143

Visualización 145

Bajo sospecha 147

Contribución institucional 149

Trabajo en equipo

Los peces y el pescador 153

Trabajo en equipo 155

Importancia del trabajo en equipo del docente 156

Aspectos que promueven u obstaculizan
el trabajo en equipo del docente 157

Estrategias para promover el trabajo en equipo 159

Maestros opinan sobre el trabajo en equipo 163

Cuadro sinóptico resumen 166

**Actividades para desarrollar competencia
en el trabajo en equipo** 167

Meditación analítica 167

Análisis de películas	170
Experimente con el trabajo en equipo	171
Contribución institucional	172

COMUNICACIÓN

El significado de las palabras	177
La comunicación	179
Importancia de la comunicación en el docente	180
Aspectos que promueven u obstaculizan la comunicación efectiva del docente	182
Estrategias para desarrollar la comunicación efectiva	184
Maestros opinan sobre la comunicación	187
Cuadro sinóptico resumen	191
Actividades para desarrollar competencia en la comunicación	193
Meditación analítica	193
Retroalimentación personal	196
Mi lista de verificación de comunicación	198
Contribución institucional	200

LIDERAZGO

Un líder sabio	205
Liderazgo	209
Importancia del liderazgo del docente	210
Aspectos que promueven u obstaculizan el liderazgo del docente	211

Estrategias para desarrollar el liderazgo	213
Maestros opinan sobre el liderazgo	215
Cuadro sinóptico resumen	218
Actividades para desarrollar competencia en el liderazgo	219
Meditación analítica	219
Análisis de películas	222
Experimente el liderazgo docente	223
Contribución institucional	225

La Negociación

La tontería	229
La negociación	233
Importancia de la negociación en el docente	233
Aspectos que promueven u obstaculizan el desarrollo de la competencia de negociación del docente	235
Estrategias para desarrollar la competencia de negociación	237
Maestros opinan sobre la negociación	239
Cuadro sinóptico resumen	242
Actividades para desarrollar competencia en la negociación	243
Meditación analítica	243
Análisis de películas	246
Experimente con negociación	247

Contribución institucional 248
Glosario 249
Bibliografía 255
Solución de actividades 265

Editorial LibrosEnRed

LibrosEnRed es la Editorial Digital más completa en idioma español. Desde junio de 2000 trabajamos en la edición y venta de libros digitales e impresos bajo demanda.

Nuestra misión es facilitar a todos los autores la **edición** de sus obras y ofrecer a los lectores acceso rápido y económico a libros de todo tipo.

Editamos novelas, cuentos, poesías, tesis, investigaciones, manuales, monografías y toda variedad de contenidos. Brindamos la posibilidad de **comercializar** las obras desde Internet para millones de potenciales lectores. De este modo, intentamos fortalecer la difusión de los autores que escriben en español.

Nuestro sistema de atribución de regalías permite que los autores **obtengan una ganancia 300% o 400% mayor** a la que reciben en el circuito tradicional.

Ingrese a www.librosenred.com y conozca nuestro catálogo, compuesto por cientos de títulos clásicos y de autores contemporáneos.

www.ingramcontent.com/pod-product-compliance
Lightning Source LLC
Chambersburg PA
CBHW021805220426
43662CB00006B/188